"Guy Finley encarna la sabiduría universal.
Con su corazón compasivo, Guy imparte
discernimientos prácticos que cada uno de nosotros
puede aplicar en su vida diaria para materializar
su propia naturaleza divina".

———————

Philip M. Hellmich, director de paz en Shift
Network y autor de *God and Conflict: A Search
for Peace in a Time of Crisis.*

"Finley nos proporciona bellísimas claves para
ayudarnos a profundizar en quiénes somos en
el momento presente, qué es lo que realmente
ansiamos y cómo vivir con base en nuestra
mejor esencia".

———————

Justin Toms, cofundadora y anfitriona de
New Dimensions Radio y autora de *Small Pleasures:
Finding Grace in a Chaotic World.*

"El contenido profundo y significativo que
se presenta en *El secreto de tu ser inmortal* te guiará
para desprenderte de la autolimitación y el temor,
y te hará despertar a una resuelta claridad,
intuición y sabiduría. Esta es tu oportunidad de
transformarte. Permite que Guy te brinde su ayuda
con este notable libro".

―――――――――――

Jennifer McLean, creadora de Body Dialog Healing
y anfitriona de "Healing with the Masters".

"*El secreto de tu ser inmortal* de Guy Finley te ayuda a
abrir el portal hacia tu esencia interior. Guy
escribe de un modo que es poético y práctico
al mismo tiempo. Recomiendo ampliamente este
libro a cualquiera que busque la verdad".

―――――――――――

Nayaswami Jyotish, director espiritual de Ananda
Sangha y autor de *How to Meditate*.

"Guy Finley nos ofrece el mapa para realizar el viaje más importante que habremos de emprender. De una manera simple pero elocuente, Finley nos ayuda a ver quiénes somos en realidad: almas divinas ilimitadas y eternas".

————————

Almavet Hasan, autor de *La vida en transición. Un método intuitivo para volver a empezar*, ganador del International Book Awards.

"Llenos de ideas dignas de profunda contemplación y de prácticas que puedes usar a diario, estos ensayos te ayudarán a ir en dirección de la autorrealización: la verdadera meta en la vida, que te llevará al estado de profunda dicha interna que estás buscando".

————————

Krysta Gibson, editora de *New Spirit Journal*.

EL
secreto
DE TU
ser
inmortal

EL
secreto
DE TU
ser
inmortal

Lecciones clave para materializar
la divinidad en tu interior

GUY FINLEY

Autor del éxito de ventas *The Secret of Letting Go*

Título original: *The Secret Your Immortal Self: Key Lessons for
Realizing the Divinity Withing*

Traducción: Gloria Padilla

Diseño de portada: Claudia Safa
Formación de interiores: Patricia Pérez Ramírez

© 2015, Guy Finley
Publicada por Llewellyn Publications, Woodbury, MN 55125, USA.
www.llewelling.com

Publicado en español mediante acuerdo con Llewellyn Publications, 2143 Wooddale Drive,
Woodbury, Minnesota 55125-2989 USA, A Division of Llewellyn Worldwide LTD

Derechos mundiales exclusivos en español

© 2016, Editorial Planeta Mexicana, S.A. de C.V.
Bajo el sello editorial DIANA M.R.
Avenida Presidente Masarik núm. 111, Piso 2
Colonia Polanco V Sección
Deleg. Miguel Hidalgo
C.P. 11560, México, D.F.
www.planetadelibros.com.mx

Primera edición: enero de 2016
ISBN: 978-607-07-3152-5

Impreso en los talleres de Litográfica Ingramex, S.A. de C.V.
Centeno núm. 162-1, colonia Granjas Esmeralda, México, D.F.
Impreso y hecho en México - *Printed and made in Mexico*

CONTENIDO

PRÓLOGO

Una mirada a lo que encontrarás en este libro

No hay recompensas en la Tierra, o ni siquiera entre las estrellas, que se comparen con la concienciación de la divinidad en tu interior. Quienes han logrado el despertar y han conseguido esta perla de gran valor entienden –sin sensación alguna de orgullo por ese conocimiento– que el más grande de los seres humanos no es nada en comparación con el más pequeño de aquellos que se han percatado de su ser inmortal. En su alma arde una luz que no se apagará jamás, una fortaleza que no puede quebrantar ningún temor y una sabiduría que entiende, sin requerir del pensamiento, que todo el bien le llega a quien piensa que el bien lo es todo.

En cierto sentido, el viaje interior que conduce al ser inmortal es demandante y difícil, aunque en apariencia parezca imposible a veces; sin embargo, por paradójico que pueda parecer, no existe nada intrínsecamente difícil acerca de elevarnos por encima de nosotros mismos y deslizarnos en el arroyo de nuestras posibilidades celestiales. Después de todo, ¿qué tan difícil es desprenderte de un par favorito de zapatos que ya no te ajusta o de un suéter que ya está tan desgastado por el uso que no protege ni siquiera de la brisa más ligera? Estas cosas, por amadas que hayan sido, se *han vuelto obsoletas*.

La concienciación del propio ser inmortal es inseparable del darnos cuenta de que lo que fuimos y quiénes fuimos en el pasado –nuestras autoimágenes halagadoras, nuestras ideas atesoradas y nuestras opiniones más preciadas– ya no nos sirven. ¿Y cómo sabemos cuándo ha llegado la hora de desprendernos de las cosas que alguna vez definieron nuestras vidas? Cuando nos percatamos de que aferrarnos a ellas nos causa sufrimiento.

Como ocurre con un gran globo de aire caliente que se eleva al cielo en el momento en que se cortan las amarras que lo restringen, así el aspirante comienza su ascenso hacia la vida perdurable. La acción es una: desprenderse. Y eso conduce a dos resultados: dejamos atrás un mundo –un orden del alma– y, en el mismo instante, nos elevamos a un orden superior de nuestra propia conciencia.

Aquí, en la primera lección de este libro, se encuentra un resumen de esa gran ley espiritual. También nos permite dar una mirada a lo que estamos a punto de aprender.

LECCIÓN CLAVE

Transformarnos hasta alcanzar los mundos
superiores –darnos cuenta de los ámbitos elevados
de conciencia que están dentro de nosotros–
requiere que dejemos atrás los mundos inferiores.

INTRODUCCIÓN

Mira en el espejo invisible de tu ser inmortal

Cómo se me ocurrió escribir este libro

Hace mucho tiempo, casi cincuenta años atrás, caminaba por un mercado al aire libre en un pequeño y exclusivo pueblo costero. Los coloridos pabellones de diversos tamaños exhibían los trabajos de artesanos locales. La tarde veraniega era cálida y hermosa, bañada con la fresca brisa marina que iba despejando el calor acumulado. Estaba contento de estar allí, absorbiendo el panorama y los sonidos. Además, no existe nada más placentero para un inveterado cazador de tesoros que la esperanza de toparse con algo que nadie más haya querido o visto. Y entonces sucedió.

En mi mente todavía puedo ver las extrañas y viejas banquitas de madera. Eran de diferentes alturas y estaban colocadas en tres filas paralelas, espaciadas para permitir que se caminara entre ellas. Sobre las bancas había docenas de diminutos árboles.

Ya había escuchado antes de los bonsái, pero nunca había visto ningún espécimen vivo. Cada árbol era una versión en miniatura de un imponente pino, olmo o roble. Y aún era más extraño que cada pequeño árbol estuviera plantado en una maceta pequeña y de aspecto antiguo que parecía demasiado superficial como para sostenerlo, no digamos para permitir que el árbol creciera. Quedé fascinado; lo siguiente que supe fue que, como una polilla a la que atrae la proverbial llama, me sentí impulsado a colocarme en el centro de la exhibición. Y luego ocurrió algo todavía más inexplicable.

Mientras estaba parado junto a la primera banca que tenía enfrente, fijé la mirada sobre algún tipo de pino que medía menos de cincuenta centímetros, ¡pero que tenía la apariencia de haber vivido más de cien años! Su tronco antiguo y avejentado –retorcido casi sobre sí mismo– irradiaba una historia muda; me contó de una vida solitaria en algún pronunciado risco sobre el mar donde, sacudido por los implacables vientos, su carácter se fue moldeando por las dificultades que había tenido que tolerar. Junto con ello, me llegó una impresión, una abrumadora emoción que me golpeó como una ola de algún océano desconocido dentro del corazón, y empecé a llorar.

Sabía perfectamente que estaba en un lugar público, pero me sentía impotente para controlar mis sentimientos; así de poderosa fue la impresión que recibí de ese árbol en particular, por no mencionar la sensación de estar rodeado de un bosque en miniatura con otros ejemplares perfectos. La belleza del espectáculo superó cualquier preocupación de que me consideraran un loco o un estúpido.

El resto de la tarde la pasé en audiencia privada con cada uno de esos árboles antiguos. Estaba ansioso de escuchar cada una de sus historias. En aquel entonces no tenía manera de explicarlo, pero ahora entiendo al menos algunas de las verdaderas razones detrás de esa atracción asombrosa, incluyendo la fuerte reacción emocional que trajo como consecuencia.

Como se muestra en la siguiente explicación, todo apunta a la existencia de una Presencia interior intemporal, que no solo antecede la relación a la que nos sentimos atraídos en nuestras vidas, sino que, de hecho, sirve para concertarlas, incluyendo cualesquiera lecciones vitales que aprendamos de estos encuentros. Apelar a nuestras experiencias pasadas ayudará a validar la veracidad de esta última idea y también revelará algunas de sus posibilidades para aquellos que están dispuestos a explorar sus implicaciones extraordinarias.

Dentro de nosotros habita un anhelo incansable y latente de establecer contacto con las fuerzas celestiales e invisibles de la vida. Por ejemplo, cada vez que somos testigos mudos de la infinita extensión del cielo nocturno, internamente nos conmueve esta exhibición externa de intemporalidad que se extiende sobre nosotros.

Nos sentimos inevitablemente atraídos a mirar a un niño recién nacido, porque la inocencia que vemos en esos ojos agita la profundidad de nuestro propio corazón y nos recuerda una virtud vital que ahora hemos olvidado casi por completo. Una vez más, absorber estas impresiones exteriores nos despierta, conmueve y recuerda algo que aún está latente dentro de nosotros.

Lo cual nos lleva a una conclusión muy importante: todas y cada una de esas impresiones valiosas –que tomamos de lo que nos rodea, sin importar su naturaleza– hace más que simplemente tocarnos: *nos revela ante nosotros mismos; de hecho, sirve para decirnos algo acerca de nuestra esencia más interna, a la que no se puede escuchar o sentir de ninguna otra forma.*

En otras palabras, cualquier cosa que se refleja en el espejo de nuestra propia alma –sea una majestuosa montaña, una sola rosa roja o la sonrisa en el rostro de la persona amada– crea una especie de reconocimiento instantáneo y correspondiente dentro de nosotros. Y a través de esta conciencia superior de nosotros mismos, nuestros nuevos ojos ven la verdad que nos libera: que la supuesta "otra" persona, ese momento emotivo o cualquier experiencia que nos sintamos atraídos a reflejar dentro de nosotros, en realidad no es "ajena" en absoluto. Todo lo que podamos advertir en esta vida, o en cualquier mundo venidero, ya es parte integrante de nuestra conciencia ¡y siempre lo ha sido!

El sólido conocimiento del ser que proporciona este entendimiento es el manantial secreto de todos los místicos, santos y sabios espirituales; es su fuente inagotable de sabiduría, compasión y fortaleza, sin importar la tradición religiosa que hayan llegado a representar con el paso del tiempo.

Mi único deseo —aquel que tengo desde antes de los doce años y que, más allá de cualquier duda, es la semilla de todas mis experiencias que condujeron a escribir este libro— es que llegue el día en que todos bebamos de estas aguas vivas y luego las sigamos de regreso a casa, hasta su fuente inmortal dentro de nosotros. Lo que he escrito aquí —el conocimiento que comparto con ustedes— *es apenas el principio*; será tan nuevo como estemos dispuestos a permitirle actuar sobre nosotros. En ese sentido, cada despertar es el primer paso en el mayor viaje que cualquiera de nosotros pudiera emprender alguna vez.

Los regalos que te dará este libro

Para quienes buscan una relación más profunda y significativa con la divinidad o que deseen abandonar la desdicha del sufrimiento inútil, *El secreto de tu ser inmortal* abre la puerta a un nuevo grado de comprensión que vuelve realidad, *al mismo tiempo*, ambos deseos. Este libro aporta poderosos discernimientos y pasos prácticos sobre cómo encontrar un faro en mitad de cualquier momento de oscuridad: una luz que revele la ilusión de la autolimitación imaginaria y que, a la par, te libere al instante del temor a ella.

Cada uno de estos ensayos únicos ayuda al lector a recordar la parte hace mucho olvidada de su naturaleza verdadera e intemporal. Parte por parte, esta remembranza agita el alma dormida que, una vez que ha despertado, guía al individuo al momento cumbre de la vida: el contacto con su ser inmortal.

Los dones de esta unión celestial, y el nuevo orden del ser que se concibe por medio de ello, proveen más de lo que pudiera imaginarse. Este auténtico "segundo nacimiento" libera al aspirante de todas las formas de remordimiento, le concede una paciencia y compasión que ningún enemigo puede provocar y, quizá más importante que cualquier otra cosa, concede la concienciación de que –a pesar de que parezca lo contrario– *la muerte no es el final de la vida.*

En tus manos tienes algo que es mucho más que sólo un conjunto de escritos: los discernimientos que se revelan en todas y cada una de las páginas llegan a ti desde otro mundo que ya mora en tu interior.

Cada ensayo ilumina una faceta independiente del ser inmortal. Algunos revelan y tratan sobre las partes oscuras e invisibles de nuestra naturaleza, dedicadas a mantenernos dormidos en un sentido espiritual, en tanto que otros ofrecen reflexiones, aliento y puntos de referencia a lo largo del camino, diseñados para acelerar nuestro viaje al despertar espiritual.

Las narraciones breves que encontrarás intercaladas entre estos ensayos se escribieron como parábolas espirituales; tienen el propósito de tocar al mismo tiempo tu mente y tu corazón. Para recibir el mayor beneficio de estas lecciones especiales, lee cada historia con el entendimiento de que *todos sus personajes únicos viven dentro de ti*; sus circunstancias, palabras y acciones representan algún orden del ser, alguna cualidad o carácter cuya naturaleza debemos atestiguar dentro de nosotros, antes de que podamos advertir nuestro ser inmortal. Utiliza estas historias como espejos; reflexiona sobre ellas con la disposición de ver tu propio reflejo.

Como verás después, algunos ensayos e historias te llamarán más la atención que otros. Recuerda, su propósito deliberado es agitar dentro de ti aquello que no puede tocar ninguna otra cosa. Este sentimiento de atracción es, de hecho, una invitación; llega a ti desde las posibilidades superiores que siguen latentes en tu interior. Piensa en la naturalidad con la que prestas total atención a alguna cosa hermosa en la naturaleza –cómo te llama a participar en su vida y cómo no puedes esperar a prestarte a ese fin– y luego percátate de que ese mismo principio es válido en lo que se refiere a ver y experimentar algo que es eterno dentro de ti, cuando se despierta por primera vez en tu conciencia.

Tómate un tiempo con cada uno de estos escritos. Nunca te apresurarías a cruzar un campo lleno de flores silvestres, porque sabes que en todas partes y donde quiera que mires te espera algo que ver que es más imponente que lo que hayas visto en el momento anterior. Así que, ya sea que leas este libro página por página, como lo harías con una novela, o que lo abras al azar, buscando la respuesta o discernimiento necesario para una pregunta que tienes en mente, permite que cada ensayo e historia compartan su secreto contigo. Escucha las emociones de tu corazón como lo harías con un buen amigo que desea decirte algo de ti mismo que no sólo necesitas escuchar, sino que *quieres* escuchar debido al impacto positivo que sabes que tendrá en tu vida.

Una última reflexión: tu disposición a contemplar tranquilamente cualquier cosa que te llame desde estas páginas te conducirá a la fuente de esa conciencia superior que inició el llamado. Permite que te conduzca a tu interior y luego atrévete a actuar con base en las verdades que se te han mostrado.

En consecuencia, y para ayudarte a empezar a incorporar este nuevo conocimiento que estás a punto de recibir, he escrito una lección clave especial al final de cada escrito. Utiliza estas lecciones condensadas como tu punto de enfoque; medita en sus discernimientos y observa cómo se abrirán tus ojos para adquirir conciencia a una escala más profunda de los elementos centrales del mensaje que están diseñados para ayudar a resumirlo. Entrégate libremente a lo que se ha puesto ante tus ojos y no podrás fallar en alcanzar y percibir la fuente más interna de ti mismo.

Despréndete y despierta
a tu nueva esencia

Por el hecho de que todo en su existencia está en perfecto orden, la Madre Naturaleza carece de opciones. ¿Qué significa no tener opciones en este contexto? Todas las criaturas, desde las más pequeñas hasta las más grandes –desde el mosquito hasta el gorila y de allí hasta la ballena jorobada– deben servir a la naturaleza según lo que esta demanda. Las vidas de los individuos existen para servir y sostener una matriz planetaria viviente que es más grande que ellos mismos.

Uno de los dones del ser humano es que nuestro potencial individual supera con mucho los límites de nuestro organismo (animal) que, como todas las creaciones de la naturaleza, debe cumplir las leyes generales, por ejemplo que fue creado para obedecer. Tenemos la posibilidad de conocer de manera consciente la existencia de otro estrato de nuestro cuerpo que está dentro de él, pero que no pertenece a nuestra forma física. Por ejemplo, pensemos en un roble; existe en la bellota, pero su cuerpo es intemporal en relación con la semilla de la cual brota.

Observar la verdad de este principio en la vida de una simple semilla y de un árbol como expresión terrenal, o inferior, de las leyes superiores es más que simplemente prometedor; nos empodera en un sentido espiritual. *Esta misma ley es válida en lo que se refiere a la naturaleza de nuestra propia conciencia.* Dentro de nuestro orden actual del ser —considéralo como la semilla con respecto al árbol que brotará de ella— mora un orden intemporal de nosotros mismos que no está sometido a las leyes del mundo natural. Este orden superior del ser, en gran parte como la vida de un árbol en comparación con su semilla, es relativamente inmortal y, como tal, *se le creó para servir a otro estrato de la existencia.*

Esta extraordinaria posibilidad de "nacer de nuevo" —de alcanzar el nirvana o Moksha— está plantada dentro de nosotros desde el principio, aunque ninguna semilla germina a menos que se le cultive y nutra. Y allí es precisamente donde entra en juego el trabajo interior del aspirante dispuesto. El renacimiento espiritual no es una cuestión evolutiva, aunque el universo avance y se perfeccione para fungir como partera. El segundo nacimiento ocurre por un acto de libre albedrío; *es voluntario, no obligatorio.*

A fin de nutrir nuestro propio despertar, primero debemos darnos cuenta de la necesidad de desprendernos de las partes de nosotros que ya no nos sirven. Este nuevo tipo de conciencia del ser es el "estado germinal" necesario para brotar y trascender nuestro orden previo del ser. Pero, a su vez, estas semillas del mayor conocimiento del ser deben convertirse en nuevas acciones, si han de servir para despertarnos a nuestro ser inmortal.

Consideremos las siguientes cuatro instrucciones separadas como si fueran una sola semilla y el procedimiento necesario para que florezca una versión completamente nueva de ti. Permíteles guiarte hacia una conciencia incorruptible que es tan intemporal como el supremo bien del cual proceden.

Recuérdate a ti mismo: Mantente lo más presente posible dentro de ti mismo –a la totalidad de ti mismo– en toda ocasión.

Recibe y acepta cualquier cosa que se te revele como el don que es: No existe ningún hecho negativo para aquellos que buscan la libertad espiritual.

Libérate: Niégate a juzgarte, justificarte, culparte o consolarte.

Tolérate: Nunca olvides lo siguiente: existen dos tipos de sufrimiento. Uno nace de no querer ver o ser lo que la vida te revela acerca de tu naturaleza presente. Este es un sufrimiento inútil e inconsciente; sólo sirve para reencarnar en un orden del ser que siempre rechaza las revelaciones indeseables acerca de sí mismo. El otro tipo de sufrimiento es el sacrificio consciente de esta naturaleza. Es nuestro acuerdo de desprendernos de quienes hemos sido y de lo que hemos sido, para dar paso al nacimiento de un orden del ser que es nuevo e intemporal.

LECCIÓN CLAVE

En términos espirituales, todas las relaciones cumplen con un propósito: el conocimiento del ser. Este conocimiento cumple con un propósito: despertar a la verdad de uno mismo. El despertar a la verdad de uno mismo cumple con un propósito: morir para uno mismo. Morir para uno mismo cumple un propósito: renacer. Y renacer es el propósito y culminación de todas las relaciones.

Materializa el momento cumbre de la vida

El momento cumbre de cualquier especie, la culminación de sus posibilidades *no puede* ser únicamente su capacidad para adaptarse y sobrevivir. La historia natural demuestra que poblaciones enteras alcanzan su máximo y luego se extinguen cuando así lo decide la madre naturaleza. El gran libro de la vida cierra un capítulo tras otro de la creación cuando ya no satisface la necesidad para la cual se le creó. Nada puede resistirse a estas decisiones, que se toman a una escala de la realidad que es superior a aquella sobre el cual actúan.

Desde una perspectiva superficial, la extinción de una especie, por la razón que sea, parece como si tomara un tiempo muy prolongado, pero al mirar de cerca este proceso nos cuenta otra historia. Nuestra escala temporal está sesgada por el breve período de vida que se nos ha concedido sobre esta Tierra. En realidad, en comparación con la duración de la vida de nuestro planeta, una especie completa –no digamos el individuo que forma parte de ella– puede desaparecer virtualmente de la noche a la mañana.

Cuando observamos la vida a través de este tipo de perspectiva de gran alcance, quizá sea difícil darnos cuenta de qué relación podría tener con nuestras vidas individuales esta escala magnificada de la vida. Así que examinemos estas ideas y convirtámoslas en algo muy personal y específico para tu vida y para la mía.

Por ejemplo, ¿qué utilidad tiene nuestro esfuerzo interminable por adaptarnos e incluso por alcanzar algunas de la recompensas valoradas en la cultura si, como todos sabemos, nada que podamos llegar a poseer alguna vez tiene el poder de mantener a raya nuestra inevitable partida?

La siguiente cita de Vernon Howard, un gran místico del siglo XX, no sólo ayuda a poner en la perspectiva adecuada esta cruel idea, sino que, como veremos, también nos da a entender una posibilidad bastante más atrayente.

> "Es sabio buscar la inmortalidad, porque el
> tiempo vence todas las demás ambiciones".

Las verdaderas joyas espirituales como esta se encuentran dispersas a lo largo del tiempo y están mayormente entre los tesoros olvidados de los auténticos escritos sagrados. En la hermosa luz que reflejan se oculta una promesa que es tan intemporal y bienvenida como nuestra necesidad de que se le traiga a nuestra memoria:

> Dentro de cada uno de nosotros ya existe
> un orden superior del ser, un espíritu inmortal,
> que ni el tiempo ni las circunstancias pueden
> desaparecer.

En el centro de cada uno de nosotros está enterrada una especie de semilla celestial, sepultada allí desde el inicio de los tiempos. Pero este regalo divino debe despertarse –en el curso de esta vida– antes de que pueda dar su fruto, porque únicamente este contiene la mayor recompensa de la existencia: *la victoria sobre la muerte*, una conexión consciente con una vid imperecedera que nunca muere. La expresión de este resultado es inseparable de la liberación del temor ante la muerte, de la misma manera en que nuestra liberación de la muerte equivale al cumplimiento final de nuestras máximas posibilidades individuales.

El verdadero propósito de la encarnación de Cristo o de cualquier otro avatar, santo, profeta o sabio auténtico –sin importar el sitio y tiempo de su nacimiento– es uno solo, que se expresa a través de dos fases. La primera es para recordarnos nuestra herencia perdida: somos hijos de un ser celestial y en nuestro interior mora la semilla del propio ser inmortal. Y la segunda, el despertar a esta herencia olvidada, para aceptar la responsabilidad que eso conlleva: usar nuestras vidas para ayudar a manifestar la voluntad del cielo en la tierra, para que estos dos planos de existencia, y sus seres, se reconcilien y perfeccionen en consecuencia.

El orden superior de la compasión y el amor incondicional, como se patentiza en las vidas abnegadas de los santos y sabios –que actúan como heraldos de un cielo que ha de venir– prueba la existencia de un orden superior del ser que está despierto en ellos, aunque permanece todavía dormido dentro de nosotros. Como tales, el conocimiento que divulgan está diseñado para ayudarnos a despertar esta conciencia celestial en nuestro interior, como la luz que actúa sobre una semilla latente, estimulándola a brotar. Todos los verdaderos maestros espirituales actúan de común acuerdo en lo que se refiere a esta última revelación vital que quizás es el mayor "secreto" espiritual sobre esta Tierra.

Para que cualquier "flor" pueda vivir, la semilla que la origina debe morir. Esa es la ley: la segunda debe desaparecer antes de que la primera pueda prosperar y revelar su potencial latente. Casi todos los escritos sagrados, sean orientales u occidentales, afirman estas enseñanzas sagradas, como las expresa Cristo en este fragmento:

> "En verdad, en verdad os digo, que si el grano de trigo que cae en la tierra no muere, queda solo; pero si muere, da mucho fruto".

El significado oculto de esta frase tan citada, pero poco entendida, es el siguiente: el "grano de trigo" representa al ser humano que está dormido en sentido espiritual. La semilla, en ambos casos, es sólo la primera etapa de su ser y anuncia las posibilidades que aún han de concretarse. En el caso de cualquier semilla, sea física o espiritual, es cierto que si no logra su misión establecida o rechaza de algún modo su papel natural, se invalida la razón misma de su existencia.

Dentro de nosotros llevamos una semilla sublime, impregnada abundantemente de posibilidades divinas; es nuestro mayor don. Dentro de ella habita la promesa de un ser inmortal, un ciudadano celestial en un mundo fuera de la prisión y el dolor del tiempo transitorio. Pero de nuevo —como ocurre con todas las semillas, sin importar su naturaleza— cada una debe encontrar las condiciones y alimento correctos que requiere para florecer. Una vez que lo haya logrado, casi nada puede impedir que esa semilla se libere y salga de la cáscara que la confina. En ese instante renace en una nueva forma y entra al siguiente orden de su ser, que es donde el viaje comienza de nuevo.

LECCIÓN CLAVE

La rosa que se abre bajo el sol veraniego glorifica a su creador; en su momento cumbre no le importa que quienes pasen no se percaten de su belleza, ni se sonroja ante cualquier alabanza que reciba.

Encuentra la entrada secreta
a la vida inmortal

No existe un camino "correcto" que conduzca a la realización del propio ser inmortal.

Si deseamos fusionarnos con un conciencia celestial que es capaz de responder con sabiduría natural a cualquier demanda –sin importar si su carácter es superior o inferior–, entonces debemos deshacernos de todas las imágenes que tengamos sobre un ser de ese tipo. San Pablo nos señala la razón por la que debemos estar de acuerdo en que mueran esas partes de nosotros que esperan la llegada de una vida superior:

> "Pero la esperanza de lo que ya se ha visto
> no es esperanza en absoluto. ¿Quién está
> esperanzado por algo que ya posee?"

La vida divina, con su incesante revelación de la creación, es inimitable; así también debemos ser nosotros. Tomar como modelo espiritual a cualquier cosa o persona –sin importar lo sublime que pueda ser– es imitación y cualquier forma de imitación de ese tipo, por sincera que sea, es por naturaleza la antítesis de la revelación.

El inspirado poeta T. S. Eliot destaca este mismo descubrimiento:

> Dije a mi alma, aquiétate, y espera sin esperanza, porque sería esperanzarse por la razón equivocada; espera sin amor, porque sería amar el objeto incorrecto; queda aún la fe, pero la fe y el amor y la esperanza están en la espera. Espera sin pensar, porque no estás lista para ello: así la oscuridad será la luz y la quietud, el baile.

La realización del propio ser inmortal es inseparable de su revelación. Aquello que es intemporal no está en un tiempo por venir, tan solo está oculto en el transcurrir del tiempo, en gran medida como a menudo el cielo pasa desapercibido por las nubes que surcan sus vastos espacios abiertos. Esta misma relación es válida en lo que se refiere a ti y a lo divino. Preguntarte: "¿Qué debo hacer para ser todo lo que soy?" equivale a que un ojo se pregunte: "¿Qué debo hacer para tener la capacidad de ver?".

De nuevo, la verdadera vida espiritual es incomparable; nada llega antes de la revelación del presente vivo y nada llega después. Atrévete a ser, para ver precisamente lo que eres en cada momento revelado; entrégate con entusiasmo a esta labor. Tu acceso voluntario a este estado íntegro de ti mismo es igual a entrar en la vida inalcanzable que buscas.

LECCIÓN CLAVE

En el mejor de los casos, la imitación es limitación.
En el peor, es corrupción de la propia naturaleza
única otorgada por Dios.

Los vientos de la fe

Cuando el alma clama al espíritu para que la transporte a un nuevo mundo más allá de los límites de este dominio terrenal, está llamando a los vientos de la fe para que corran, hinchen sus raídas velas y se la lleven lejos. La espera de estos vientos nunca se aplaza mucho para cualquier alma que tenga tanto la paciencia como la persistencia para lograr su propósito.

Como ocurre cuando se emprende tal regreso a casa, cuando las aguas oscuras e inexploradas empiezan a romper contra la inclinada proa de su cubierta y no existe puerto seguro a la vista, el alma –que ahora surca sin voluntad propia los abismos de mares ignotos– debe conservar en su corazón el recuerdo de dos cosas: no puede conocer su destino y debe someter el timón de su nave y aceptar que la transporten los vientos que ha invocado para que la lleven allí.

LECCIÓN CLAVE

El gran viaje que conduce a tu ser inmortal no comienza con hechos, sino con fe indemostrada. El viaje de la fe es el que revela el hecho de lo divino, como la flor es prueba de la semilla oculta de la que ha brotado hacia la luz.

Es imposible esconderse
y ver al mismo tiempo

Es muy frecuente que en la prensa se informe de la triste historia de alguna persona famosa que se suicidó. Cualquier acto de autodestrucción, ya sea por abuso de drogas, alcoholismo o por cualquier otra ruta más corta, siempre es una noticia trágica; no le es útil a nadie, más que a los medios de comunicación, a los que les gusta alimentar al público con este tipo de desgracias con la finalidad de mantenerse. Pero para el aspirante que desea despertar del estado de sueño que es esta vida, tales informes pueden satisfacer un propósito muy diferente y superior. Dentro de ellos se encuentran verdades ocultas e importantes acerca del mundo, las cosas que este valora y la manera en que las mentes inocentes caen víctimas de fuerzas invisibles que en todo momento están dentro de ellos y alrededor. Por definición, debemos esforzarnos en ir más allá de las explicaciones engañosas de estas tragedias y aprender a leer entre líneas. Es la única manera en que la pena y el desperdicio de la vida humana se pueden transformar en algo prometedor que, a la larga, sea bueno para todos.

¿Cuál es la verdadera historia subyacente cuando observamos que una "estrella" cae en picada y termina en un final tan lamentable? La respuesta está justo frente a nuestros ojos. La verdad es que muy pocos de nosotros vamos por la vida sin pensar que el dolor de estar vivo no vale la pena. La razón para la aparición intermitente de esta sensación de futilidad, junto con la desesperación que engendra, es la siguiente:

> Existe una relación directa y proporcional entre
> el grado de dolor inconsolable que sentimos y
> una confusión profundamente arraigada sobre
> el verdadero propósito de estar vivos.

Examinar por un momento la explicación anterior ayuda a probar su validez. Después de todo, ¿qué podemos hacer cuando, luego de haber cumplido con nuestro supuesto propósito en la vida –incluyendo adquirir todo lo que alguna vez esperamos– seguimos sintiéndonos vacíos? ¿A dónde dirigirnos cuando ya hemos agotado los caminos conocidos hacia la felicidad? Todos sabemos de esos momentos en los que parece no haber escapatoria ni solución viable a nuestra creciente sensación de insatisfacción. En el caso de las celebridades, y en muchas historias parecidas que no han sido noticia, esta desesperanza que parece no tener respuesta conduce a actos de desesperación que finalmente son autodestructivos.

El aspecto más asombroso de esas historias, como casi siempre ocurre cuando nos enteramos de que alguna amada celebridad se quitó la vida, es que estamos predispuestos o permitimos que nos lleven a creer que la cuidada apariencia de una persona es su verdadero carácter. ¿Cuántas veces has oído que alguien dice: "¡No puedo creerlo! Era una persona tan despreocupada" o algo por el estilo? Esta sensación general de incredulidad tiene una causa específica común en nuestra escala actual de conciencia. La verdadera razón por la que creemos en cualquier representación pública –sea la de una persona famosa o la de nuestros amigos y seres queridos– es que, en cierto grado, todos somos actores en un escenario.

No es exagerado afirmar que muchos hemos llegado a creer que ser un buen actor en la vida es equivalente a satisfacer nuestro propósito existencial. Esta es la extraña lógica detrás de la infelicidad consiguiente que creamos nosotros mismos.

Por cada "actuación" exitosa que ejecutamos frente a los demás o dentro de nosotros mismos, sentimos como si hubiéramos ganado, por el momento, aquello que imaginamos que nos hará felices e íntegros, pero la desventaja debería ser obvia: no sólo es tedioso andar por allí teniendo que hacer malabares con las máscaras que necesitamos colocarnos, sino que nadie sabe mejor que un actor que no es lo mismo la persona que el personaje que se representa.

El conflicto aumenta entre el papel que representamos y la realidad dentro de nosotros, hasta que ocurre el inevitable colapso en el escenario. De hecho, en realidad existe una sola razón por la que "nos dejamos ir" y expresamos de manera abierta cualquier emoción negativa: porque ya no podemos continuar con nuestra representación de serenidad, tranquilidad y control. En otras palabras, ¡se nos cae la máscara!

En el mundo actual, por lo común se acepta que las máscaras sociales cumplen con el propósito de la persona que las lleva. Pero no es verdad, como lo demuestra el dolor en las vidas de quienes creen que fingir amor o valentía es lo mismo que alcanzar esas cualidades. El verdadero propósito de cualquier máscara, sea la de los demás o la propia, es cubrir el dolor que ella oculta.

El primer paso para descubrir cualquier tesoro perdido, se trate de oro enterrado o de alcanzar el verdadero propósito en la vida, es eliminar la capa superior; es decir, los escombros acumulados que lo ocultan. Esto nos lleva a este último pensamiento para quienes esperan ver el rostro de su ser inmortal: en un sentido espiritual, es imposible esconderse y ver al mismo tiempo.

LECCIÓN CLAVE

Es imposible separar la identificación con
algún propósito falso en la vida del sufrimiento
inconsciente que este produce.

Empieza a darte lo que realmente quieres

Un secreto poco conocido es que nuestra experiencia de la vida en cualquier momento determinado es un reflejo directo de lo que realmente valoramos en ese mismo momento. Quizá neguemos esta verdad perturbadora, pero en lo que se refiere a aquello con lo que hemos establecido una relación, ya sea de manera interna o externa, los actos valen más que las palabras y, sean evidentes o no, todos los actos representan una elección de un tipo u otro.

Nada en el universo puede obligarnos a elegir actuar en contra nuestra, como ocurre cuando fraternizamos con estados negativos que representan transigir con nosotros mismos. Vivir en un estado de pena, con enojo o repleto de remordimientos es un asunto consensuado. Esos estados oscuros nunca ocurren solos; deben tener una pareja para producir dolor, lo cual nos lleva a esta buena noticia: nos liberamos del oscuro abrazo de cualquier pensamiento o sentimiento de infelicidad en el preciso momento en el que nos damos cuenta de que se nos ha engañado para bailar ese tango de tormento.

Utiliza los siguientes cinco discernimientos para ayudarte a elegir como tu nueva pareja en la vida a una mayor conciencia de ti mismo y observa lo fácil que se vuelve empezar a darte lo que realmente quieres.

- Cuando desees más la paz en tu interior que la sensación de agitación por los sucesos indeseables que ocurren alrededor de ti, entonces conocerás la serenidad que anhelas.
- Cuando desees más sentirte igualmente tranquilo en compañía de amigos y desconocidos que tener esa sensación de intranquilidad que se presenta cuando adulas a los demás para obtener su aprobación, entonces conocerás el dominio tranquilo de ti mismo que anhelas.
- Cuando desees más la tolerancia hacia los demás que la sensación de frustración por su incapacidad para complacerte, entonces conocerás la paciencia que anhelas.
- Cuando desees más la autoridad sobre ti mismo que el conflicto que proviene de tratar de controlar el comportamiento ajeno, entonces conocerás el control que anhelas.
- Cuando desees más participar en la plenitud del momento presente que sentir desasosiego porque estás desperdiciando tu vida, entonces conocerás la sólida sensación de plenitud que anhelas.

LECCIÓN CLAVE

En esta vida no hay mayor premio que la propia
capacidad para tener plena posesión de uno mismo,
sin importar las circunstancias, ni tampoco existe
tarea que tenga un costo personal más alto.

El secreto para tener éxito
en todos los mundos

Un reportero que tenía un profundo interés personal en asuntos espirituales elevados escuchó a un maestro de la verdad al que se tenía en muy alta estima. Pero lo que más llamó la atención del reportero fue que no sólo se consideraba que ese maestro moderno tenía la sabiduría de Salomón del Antiguo Testamento, sino que aparentemente también tenía su riqueza.

Aunque los detalles eran exiguos, se decía que, en sus primeros tiempos, había sido el exitoso director ejecutivo de una corporación igualmente exitosa que él mismo había fundado. Luego, por alguna razón desconocida, se retiró y más o menos al mismo tiempo inició su escuela filantrópica y espiritual. Así, sucedió que el reportero le pidió una entrevista a ese hombre misterioso, con la esperanza de enterarse del secreto de su éxito en ambos mundos.

Poco después se le concedió una audiencia personal con el maestro.

—Gracias por permitirme hablar con usted personalmente. No le quitaré mucho tiempo.

—No hay problema. ¿En qué puedo servirle? ¿Qué quisiera saber?

Algo en la presencia y actitud del maestro le dijo que no tenía gran caso tratar de ocultar la verdadera razón de su interés en hablar con él, así que el reportero fue directo al asunto.

—Señor, ¿lo que quisiera saber es cómo fue posible que amasara una fortuna así, por no mencionar el respeto que adquirió como uno de los hombres más sabios en la Tierra?

El maestro miró directamente a los ojos del reportero. Después de muchos años de recibir a visitantes curiosos de todos los ámbitos, podía ver con facilidad en el corazón de aquellos que se le acercaban con ese tipo de preguntas. Lo que veía en ellos le indicaba cómo responderles.

En este caso, se percató de que el joven sentado frente a él tenía el conocimiento suficiente de sí mismo como para entender la sutileza de la respuesta que estaba a punto de darle.

El maestro se inclinó hacia él y dijo: "En todo el sentido de la palabra, toda la abundancia en mi vida se puede atribuir a un método muy simple, que fue algo que empecé a practicar cuando era un hombre todavía muy joven. Si desea saber ese secreto, estaré encantado de decírselo".

El reportero asintió y el maestro prosiguió con su discurso.

—Cada vez que estaba a punto de regalarle mi opinión a alguien, aprendí a ahorrármela.

LECCIÓN CLAVE

En nuestro tránsito por la vida, ya sea que nos beneficiemos mucho o poco, contempla este pensamiento: todos estamos hechos tanto de lo que decidimos hacer como de lo que decidimos no hacer.

No es posible poseer la perfección

Como la flor que nace en un suelo rocoso solamente en una noche iluminada por los rayos de una luna llena, así aparece la verdad y su fragancia enriquece a quien esté esperándola cerca. Luego, de pronto, igual que aparece sin horario establecido, vuelve a desaparecer y sólo el silencio marca el sitio vacío del cual brotó.

Algunos tratan de desenterrarla, pero únicamente logran sacar trozos de pétalos, el tallo o una raíz ocasional. Sin embargo, nadie puede extraer intacto aquello que se ha vuelto uno con el suelo que lo nutre, ni puede dañar esa preciosa flor que busca, porque no se puede poseer: es inmortal.

Si acaso ocurre un daño como consecuencia de esa búsqueda es el descubrimiento casi imposible de que la belleza que tanto ansían poseer no vive aparte de ellos; más bien *vive para ellos*, aun en esos momentos en que la destrozan tratando en vano de poseer aquello que se regala sin reserva a quienes mueren por verlo.

LECCIÓN CLAVE

La única forma más elevada y duradera de
satisfacción del ser se encuentra al consumar el
momento mismo y no en cualquier cosa que se
pudiera tratar de extraer, y luego aprovechar,
gracias a su llegada.

El dolor de mi padre

A yer fue el cumpleaños de mi padre, quien murió hace casi veinte años. Me asombró darme cuenta de cuánto tiempo ha transcurrido desde que lo vi y hablé por última vez con él. Era un buen hombre, amado por muchos y con muchos amores que colmaron su corazón.

Ha habido muchas ocasiones desde su muerte en que he deseado poder estar juntos de nuevo, pero no por las razones que supondrías, como hablar de las cosas que uno desearía haber dicho y no pudo. En general nos comunicamos todo lo que pudimos haber querido decir mientras vivía y nos transmitimos nuestro mutuo amor.

Sin embargo, algo de lo que nunca hablamos, debido a que yo no lo sabía en aquel entonces, fue de su dolor.

Es gracioso pensar que puedes vivir con alguien, verlo a diario, observar todas las señales de un gran sufrimiento personal y, aun así, no saber nada sobre el dolor de esa persona. Es ahora que puedo ver las razones verdaderas de esa especie de ceguera.

Nadie puede conocer el dolor mudo de otra persona hasta que conoce el suyo propio. Solo a través de este grado de verdadero conocimiento del ser se puede develar el secreto de la verdadera compasión.

Supongo que es posible, a pesar de haber adquirido esta comprensión superior de mí mismo, que nada hubiera cambiado entre nosotros, por lo menos en lo que se refiere a cómo se presentan las cosas entre un padre y un hijo mientras están sentados tranquilamente uno al lado del otro. Pero ahora estoy bastante seguro de que las muchas horas que pasamos juntos se habrían enriquecido profundamente si hubiéramos tenido una mutua conciencia de nuestra pobreza compartida, unidos por el dolor que permanecía callado.

De una manera extrañamente paradójica, conocer la propia pobreza espiritual permite ver y conocer el mismo dolor en todos los demás, y valorarlos todavía más por ello. Pero un hecho todavía más paradójico es el siguiente: nunca es demasiado tarde para despertar a aquello que es verdad y observar cómo cambian todas las cosas presentes, futuras y pasadas.

LECCIÓN CLAVE

La verdadera compasión es idéntica a la
propia percepción consciente de que no existe
un yo autónomo.

Recuerda tu eterno
derecho a la libertad

L a principal razón por la que sufrimos o nos sentimos mal acerca de nosotros mismos o de nuestras circunstancias actuales no se debe a que los problemas en nuestra vida tengan el poder de atormentarnos, ya que no es así. La única causa de nuestro sufrimiento es la amnesia espiritual. Hemos olvidado que Dios, la divinidad o como quieras llamarle, es *bueno*: no es que lo sea a veces, ni sólo para aquellos que "lo merecen", sino para todos... y en todos sentidos.

Reformulemos el concepto anterior para observar desde otro ángulo su sabiduría liberadora: cada vez que nos identificamos con pensamientos y sentimientos oscuros (lo contrario de tener una conciencia tranquila de su presencia) que nos conducen a una tendencia descendente, caemos —en ese preciso momento— en un mundo lleno de estados negativos indeseables. La razón por la que gran parte de lo que sucede dentro y alrededor de nosotros parece "malo" es porque *eso es lo único que podemos ver*. De la misma forma en que todo es según el color del cristal con que se mire, eso también es válido para nuestros estados internos, incluyendo el temor, la depresión y la amargura. En esos momentos, al quedar enredados en los pensamientos y sentimientos que no deseamos, y luego ver un mundo que confirma nuestra sensación de cautiverio, literalmente olvidamos que *nada de lo que estamos atravesando es necesario*.

La única razón por la que estamos en medio de una tormenta de estados negativos es *¡porque nos quedamos dormidos!* Hemos olvidado quiénes somos en realidad, incluyendo nuestro derecho divino a convocar a un poder que nos saque al instante de la situación de peligro. Cada vez que podemos recordar esta posibilidad, estamos libres para despertar y regresar a nuestro verdadero hogar –dentro de nosotros– más allá del alcance del temor, la duda o cualquier otro estado oscuro.

Si deseamos andar libremente por el mundo sin temor a las tormentas repentinas, y saber que tenemos un hogar interior en donde ninguna oscuridad puede traspasar la luz que emana de él, entonces queda clara cuál es nuestra tarea.

Primero, debemos ver la manera en que esta amnesia espiritual nos ciega y luego nos ata en una prisión de falsas percepciones inducidas por habernos quedado dormidos en un sentido espiritual. Para lograrlo, utiliza el siguiente discernimiento como llamada de atención que te conduzca a la acción que debes realizar:

> Tu libertad para desprenderte y dejar atrás la
> persona que fuiste no es algo que se crea, es y
> siempre ha sido tuyo, lo cual significa que no se
> puede destruir, del mismo modo que la llegada
> de la noche no destruye la luz del sol.

Nada en el universo puede privarte del derecho a la libertad espiritual; es un don divino, que significa que cada vez que te encuentres luchando por escapar del yugo de un estado negativo, eso se debe a que estás en un sueño del que todavía no has podido despertar. Sólo existe una receta que tiene el poder de acabar con tu dolor: debes sacudirte para despertar de la distracción que ha causado que olvides tu ser inmortal.

LECCIÓN CLAVE

Recordar la verdad acerca de ti mismo es
exactamente igual a recuperar tu derecho
a la libertad.

Atraviesa cualquier momento de temor

No es necesario temer ningún atributo o característica que observemos en nosotros mismos. Eso no quiere decir que no se presenten esos temores, porque lo harán, y así debe ocurrir como resultado de nuestro trabajo para liberarnos. Después de todo, dejar que nos bañen los rayos del sol implica aceptar que tendremos que ver las sombras que producen. Esto nos lleva a una maravillosa ley espiritual que lo gobierna todo, incluyendo cualquier cosa que podamos temer en este momento:

Cualquier cosa que lleguemos a comprender
acerca de nosotros mismos nos brinda un poder
que, en consecuencia, nos permite colocarnos
por encima de ello.

Por ejemplo, cuando entendemos alguna tendencia en nosotros que siempre nos mete en problemas –como ser pendenciero, necio o crédulo– la incitación de esa tendencia ya no tiene la misma autoridad que tuvo alguna vez sobre nosotros. A medida que aumenta nuestro conocimiento del ser, también crece el poder que necesitamos para elevarnos por encima de las áreas de nosotros mismos que nos hacían sentir tan impotentes. Ahora entendemos algo del verdadero significado detrás de esa enseñanza eterna: "Conoce la verdad, porque la verdad te hará libre".

Esta es otra vertiente del mismo axioma: las únicas cosas que tememos en esta vida son las proyecciones inconscientes de nuestra propia conciencia de las que todavía no ha despertado ella misma. Por ejemplo, un niño pequeño es incapaz de entender que la sombra oscura en la pared de su habitación no es un monstruo. *Su sentimiento es real, pero la "razón" detrás de su aparición es una mentira.* El creciente temor que recorre todo su cuerpo se materializa y valida debido a una resistencia inconsciente a lo que su propia mente imagina como real en ese mismo instante. Mientras más rechaza lo que su mente proyecta sobre su propia pantalla, más real se vuelve, así que no sólo lo aterrorizan los oscuros mecanismos de su propia imaginación, sino que luego esta misma naturaleza le dice cuáles son sus opciones: ponerse a llorar u ocultarse bajo las cobijas. Sin importar la opción que elija, ¡su guía es el mismo temor del que intenta escapar! Esta es la clave de todo un nuevo conjunto de posibilidades cuando uno se enfrenta a cualquier temor:

Sigue adelante aunque tengas miedo.

Olvídate de todas esas tonterías de tratar de parecer valiente, mantener la cabeza en alto o convocar a alguna fuerza que te rescate y que ahuyente la sombra de lo que tú temes. Tales imágenes e ideales de consuelo son el contrario secreto de los mismos temores que se les pide apaciguar. Esto es lo único que necesitas saber en tu momento de necesidad: *aquello que es verdad nunca lucha contra lo que es falso*; no tiene que hacerlo. La verdad descarta espontáneamente cualquier forma de confusión gracias a la luz de su verdadera naturaleza.

Dentro de ti mora esa misma luz de la verdad. Su inconmovible valor ante cualquier temor proviene de saber que podrá absorber con naturalidad cualquier oscuridad que tenga enfrente, sin importar cuán grande pueda parecer por el momento.

La sustancia y peso de cualquier sombra que nos produce temor alcanza la magnitud que le conceda nuestra imaginación, lo cual significa que no se trata del valor que debamos tener para enfrentar "este o aquel" temor. Más bien, debemos atrevernos a probarnos a nosotros mismos que todas y cada una de nuestras conclusiones temibles no son más que una ilusión. Esta es la razón por la que para salir de cualquier momento atemorizante e indeseable, tenemos que cruzar por él. Después de todo, ¿de qué otra manera podríamos alcanzar el descubrimiento liberador de que nuestros temores son simplemente sombras que carecen de materia? Solo a través de esta acción conoceremos la verdad que nos liberará del temor… porque únicamente bajo su luz podremos ver que nunca ha habido nada real que debamos temer.

LECCIÓN CLAVE

Al final, nada de lo que podamos obtener de esta vida nos enriquecerá ni la mitad de lo que estemos dispuestos a perder en beneficio de vivir sin miedo.

Se te creó para cambiar

¡Todos tenemos momentos en los que la vida se agita y parece seguro que nos pasarán por encima fuerzas que son más grandes que nosotros! Pero sin tomar en cuenta cómo puedas sentirte cuando estás frente a cualquier desafío específico, puedes estar seguro del siguiente hecho: se te creó para superar cualquier limitación temporal que ese desafío haya venido a revelarte acerca de ti mismo... sin importar cuán difícil pueda parecer esa tarea.

Sí, es posible que al principio no estés preparado, de la misma manera que todos los años el árbol desnudo no puede saber por anticipado el peso que tendrá la espesa nieve invernal, hasta que sus ramas se doblan y, quizás, incluso llegan a romperse bajo ella. Pero un árbol no es sus ramas, como tampoco tú sufres menoscabo por lo que no puedes hacer o soportar cuando enfrentas por primera vez algo que te parece demasiado grande como para manejarlo.

Aprende a confiar en el siguiente hecho espiritual al atreverte a demostrártelo a ti mismo cuantas veces se requiera, hasta que estés libre del temor: sin importar cuál pueda ser tu debilidad actual, sólo es temporal, siempre y cuando estés dispuesto a persistir, *a vadear aquello que parece más grande que tú*, y luego somete a prueba una y otra vez esta verdad.

La recompensa inimaginable de persistir ante cualquier cosa que se te ponga en el camino es el descubrimiento final e inevitable de que *se te creó para cambiar.*

LECCIÓN CLAVE

En vista de que la naturaleza de la vida real es la génesis en sí misma —el renacimiento incesante de "lo que ha sido" que cede el paso a "lo que es y será"–, esto, por sí solo, te dice que tienes el poder de cambiar.

El poder de cambiar tu pasado

Actualmente, hay mucha gente que está amargada, abatida o simplemente enojada por lo que le sucedió cuando estaba creciendo. Las razones para su rencor o arrepentimiento son tan incontables como la cantidad de personas inconscientes que, sin darse cuenta, causan dolor en las vidas de aquellos a quienes hieren. Pero nada de lo que pasó ayer –por horrendo que pudiera haber sido– tiene autoridad sobre el momento presente y sus nuevas posibilidades.

Quizá percibamos la verdad de este hecho espiritual, pero hemos sido incapaces de utilizar este poder dentro de nuestra vida. Esto es lo que podemos hacer cuando nos encontramos envueltos entre las llamas de ese incendio que es nuestro dolor del pasado:

¡Sal de allí!

Este es el "cómo", aunque cada uno de nosotros debe ver las siguientes verdades que nos ayudan a liberarnos de nosotros mismos.

El verdadero momento presente no puede quemar nada, mucho menos tu ser inmortal; la extraña fascinación de revivir el pasado es lo que atormenta a quienes son suficientemente incautos como para deambular por ese camino en búsqueda de alguna resolución que no se puede encontrar allí.

Cualquier pena, rencor o ansiedad que se trae al presente, sólo puede ser un eco de algún suceso que ahora ya pasó. Intenta darte cuenta de este hecho liberador: ningún dolor del pasado puede volverse presente, a menos que la mente, adormecida por sí misma, se deje engañar para revivir el doloroso recuerdo de esa desgracia.

No obstante, en el mismo instante en que se recuerda esa imagen negativa (repleta de emociones oscuras), *¡la misma mente dormida que la ha resucitado se resiste a ella!* Esta reacción causa que el incauto caiga víctima de haber deambulado como un sonámbulo en los recuerdos almacenados de su propio pasado indeseable y, aunque el dolor sin duda es real, nace de resistirse a un sueño cuyos contenidos oscuros causan tristeza a cualquiera que quede atrapado en sus redes. Esto nos lleva a una idea clave para quienes quieren dejar atrás un pasado conflictivo:

La persona que tú eres en realidad
—tu ser inmortal— no vive en el pasado y,
en consecuencia, no puede dañarle nada
que haya sucedido allí.

En cualquier caso, el dolor repetido de revivir cualesquiera problemas que puedan haber ocurrido debería demostrarnos que estamos en el sitio incorrecto, al que nos han conducido esas áreas erradas de nosotros mismos.

Imagina que a causa de tu sonambulismo un día te encuentras en un barrio peligroso y en decadencia, y de pronto despiertas y te das cuenta de tu situación. No hay duda de qué harías entonces: saldrías de allí lo más rápido posible. Prevalecería tu inteligencia, sino es que el mero instinto, y es posible utilizar esa misma inteligencia en lo que se refiere a nuestra vida espiritual. Lo que "alguna vez fue" sólo vive en el "barrio" inconsciente en nuestro interior, en un área a la que ya no pertenecemos. Este grado de conciencia que se encuentra en la oscuridad está poblado de las sombras de nuestras experiencias dolorosas anteriores, que son tanto reales como imaginarias. Pero su poder sobre nosotros llega únicamente al grado en el que nos identifiquemos con ese mundo de sueños en el que hemos caído. Para salir de allí debemos despertar o llevar de nuevo nuestra atención a la presencia del momento vivo, que es donde pertenece.

Nadie puede enseñarnos a salir del mundo de lo que fue, o a abandonar esas partes inconscientes de nosotros que necesitan revivir su dolor para poder seguir vivas; no pueden verse a sí mismas por lo que son, ni quieren hacerlo.

Nosotros debemos verlas y darnos cuenta de que su mundo, y el dolor de su realidad, son algo con lo que ya no deseamos viajar ni tener que atravesar. Nada puede demorar nuestra salida de ese orden inferior del ser, del mismo modo que la planta baja de un rascacielos no puede impedir que tomes el elevador hasta el piso más alto.

LECCIÓN CLAVE

No puedes empezar de nuevo tu vida al mismo tiempo que te ocupas de revivir tu pasado. Ser nuevo es una decisión deliberada; es un acto de alineamiento que te coloca en contacto consciente con una presencia viva que es incapaz de repetirse.

Deja de quejarte y empieza a cambiar

Dos trabajadores de la construcción, que realizaban el mismo trabajo en un edificio elevado desde hacía varios meses, estaban sentados en una viga de acero por encima de la ciudad. Llegó la hora de comer y de relajarse un poco de las tensiones del día, pero, como siempre desde que empezaron a comer juntos, uno de ellos, llamado Dave, no dejaba de quejarse de su sándwich diciendo cosas como: "Oh, no, otra vez es de carne molida" o "¡Caray, este pan está más duro que una piedra!".

Una tarde, mientras Dave empieza con sus comentarios negativos sobre el sándwich, externando una cosa tras otra sobre el contenido o cómo se preparó "al aventón", su compañero Ben simplemente ya está cansado de escucharlo, así que, cuidando de expresarse con calma para no molestar a Dave, le expresa su opinión.

—Mira, Dave, reconozco que no sé mucho de tu vida en casa y no quiero meterme en asuntos que no me importan, pero ¿por qué no le pides a tu esposa que te prepare algo diferente? Estoy seguro de que no le molestaría hacerlo.

–No –dice Dave– no es culpa de mi esposa. Tammy es maravillosa; de hecho, es una santa. Trabaja de noche como enfermera en un hospital. –Y luego, después de mirar fijamente el sándwich que tenía en la mano, prosiguió–: Usualmente, rara vez llega a casa antes de que yo salga a trabajar.

–Ya veo –respondió Ben, haciendo una pausa para pensar en ello por un momento–. Pero no entiendo…

–¿Qué no entiendes? –preguntó Dave.

Ben prosiguió:

–¿Entonces quién te prepara el sándwich todas las mañanas?

Ben lo miró directo a los ojos, como si la respuesta fuera demasiado obvia.

–¿Pues quién crees que lo hace? ¡*Yo*!

LECCIÓN CLAVE

La mayoría de la gente preferiría quejarse de algún patrón doloroso de su vida que atreverse a confrontar el grado de su propia conciencia que es responsable de que eso se presente en forma repetida… y, con ello, hacer el trabajo necesario para cambiarlo de una vez por todas.

Diez maneras para dejar de compadecerte a ti mismo

E ste es un hecho espiritual que sana el corazón y que acaba con la tristeza. Acoge la luz que trae consigo al estar dispuesto a ver la verdad que se oculta detrás de él:

Sin importar lo decepcionante o doloroso que
pudo ser, no existe nada real en tu pasado
que pueda atraparte y volverte su esclavo, de la
misma manera en que ninguna sombra oscura
tiene el poder de impedir que salga el sol.

Ahora, suma este hecho a la concienciación de que nunca hay una buena razón para sentirte mal acerca de ti mismo y estarás en camino de vivir en un mundo sin autocompasión.

Para acelerar tu viaje, acepta los diez discernimientos especiales siguientes como tus guías confiables para alcanzar una vida sin lágrimas. Mientras más te esfuerces internamente en comprender su sabiduría, más libre te sentirás de todos los estados oscuros y que te ponen en riesgo.

- Para lo único que sirve la autocompasión es para empeorar tu vida.

- Sin importar la perspectiva que tomes al respecto, tu rechazo de un estado emocional negativo no te aleja de lo que es indeseable, sino que ¡te ata a ello!

- Estar envuelto en la autocompasión arruina por completo cualquier oportunidad de ver las nuevas posibilidades cuando aparezcan; además, a nadie le gusta la gente avinagrada.

- Lo único que crece cuando se cultivan las semillas oscuras de la pena es un fruto más amargo.

- Manipular a los demás para que sientan pena por ti es lo mismo que hace el alcohólico que pide que le den un certificado de regalo para una licorería.

- La autocompasión es donde se instala la derrota de uno mismo, es el oscuro refugio de esas partes de nosotros que preferirían lamentarse de lo que no puede ser, en lugar de atreverse a explorar lo que es posible.

- Sentir pena por uno mismo es un veneno de acción lenta; primero corrompe y luego consume el corazón, ahogándolo con emociones oscuras e inútiles.

- No es posible aislar las razones que tienes para sentir pena por ti mismo del penoso estado en el que estás.

- El corazón que se baña con las lágrimas de la autocompasión en poco tiempo se transforma en piedra y es incapaz de sentir compasión.

- Aceptar convivir con los remordimientos tristes garantiza que sigan contigo el día de mañana.

LECCIÓN CLAVE

No existe limitación más innecesaria en esta vida
—que está repleta de todo tipo de penas— que hacer
el acuerdo secreto de vivir en y con el gozo agridulce
de la ignorancia acerca de uno mismo.

Descubre tu apego invisible a la aflicción

En lo que se refiere a sanar el dolor mental o emocional, el primer paso para liberarse uno mismo está en darse cuenta de los siguientes hechos: la resistencia a cualquier cosa (incluso el dolor emocional) es una forma secreta de fascinación por eso y estar fascinado por cualquier cosa –sin tomar en cuenta su naturaleza– significa identificarse con ello.

A estos discernimientos debe añadirse el hecho de que identificarse con algo es apegarse a eso, y allí es donde puede observarse cómo se forma la dependencia invisible de los estados oscuros.

La luz de esta comprensión, por sí sola, destruye no sólo los muros de la propia cárcel psicológica, sino también el orden del "ser" que los ha construido y conservado. En consecuencia, el axioma es el siguiente: *antes de poder sanar, es necesario dejar de dañarte a ti mismo*. No hay otra manera de lograrlo.

LECCIÓN CLAVE

Todos los apegos son aflicciones secretas disfrazadas de amantes.

Usa los momentos indeseables para liberarte

Mi pequeña casa está asentada en una montaña en el sur de Oregon y la rodea por todas partes una reserva natural. La vida silvestre en ese sitio es tan variada como abundante, pero la mayoría es del tipo de seres que uno ve en las películas de Bambi. Ahora bien, permítanme describir el escenario para esta lección corta acerca de desprenderte.

Eran las últimas horas de la tarde cuando terminé. Después de una serie de escaramuzas –con más derrotas que victorias– parecía como si la situación estuviera controlada; había considerado cualquier contingencia posible.

Mi colección de alimentadores para aves estaba distribuida frente a mí, dispuesta y exhibida como enormes adornos de Navidad que colgaban de diversos árboles. La mayoría colgaban de ramas, un par de ellos estaban en postes y había uno alargado, de forma cilíndrica, cuya base giraba si lo golpeaba o se sentaba en él algo que fuera más grande que un pájaro. Unos cuantos de los alimentadores colgados de los árboles tenían conos rojos de plástico suspendidos sobre ellos, mientras que los otros estaban rodeados de alambre y tenían aberturas cortadas a mano y calculadas para permitir que las aves que no fueran de mayor tamaño que una urraca ocotera pudieran entrar en el área hueca que contenía el alimento.

Mientras estaba parado en la terraza inspeccionando los alimentadores, sentí que me atravesaba una ola de satisfacción. "¡A ver qué hacen ahora!", pensé para mí, lanzando un silencioso reto a la banda de ardillas que había visto saqueando los alimentadores desde el primer día en que los puse. ¿Me había extralimitado? ¡No! En realidad no podía esperar a que la primera oleada de esos diablillos en cuatro patas se lanzara sobre la cabeza de playa que les había preparado. Pero tendría que esperar: el sol se estaba poniendo y, según me indicaba mi experiencia, la mayoría de las ardillas prefería llegar un poco después de las ocho de la mañana. Así que me retiré de mi puesto de observación, esperando la llegada del día siguiente con un poco más que simple entusiasmo.

Al despertar al siguiente día, no podía esperar a ver cómo se había desarrollado la situación. Hasta ese momento, incluso mi mejor invención para frustrar a esas ardillas no sólo había fallado, sino que en poco tiempo la habían convertido en su propio gimnasio. "¡Eso no pasará hoy! ¡Esto era mío!". Cuando menos eso era lo que pensaba hasta que me asomé al patio. No hay manera en que nadie hubiera podido anticipar la "matanza".

Mis alimentadores colgantes estaban rotos, completamente destrozados. Los dos postes de metal que sostenían los alimentadores de plataforma estaban doblados hasta el suelo, retorcidos como si hubieran sido popotes. De las casas para aves sólo quedaban fragmentos. Estaba pasmado. Mi mente trataba de darle sentido a todo eso mientras salía corriendo para revisar los daños; ¿qué pudo haber causado eso? ¿Los dioses habían enviado a una superardilla para sembrar la destrucción, buscando vengarse de mi deseo de equilibrar la balanza de la naturaleza?

Un momento después todo se aclaró y pude darme cuenta de lo que había pasado. Ah, además esa fue otra lección sobre cómo desprenderse de los planes mejor proyectados. Yo fui quien cayó víctima. Después de todo, nunca antes había pasado algo así.

¿Quién pudo haber anticipado la visita nocturna de un oso hambriento?

LECCIÓN CLAVE

Los momentos indeseables en nuestra vida no ocurren como una fuerza ciega que se propone destruir nuestros intereses más preciados; más bien, llegan para ayudarnos a adquirir conciencia de cuáles son en realidad nuestros mejores intereses.

Elévate al mundo de lo divino

H ay una razón esencial por la que existen tanta aflicción y guerra en esta Tierra, y por la que el conflicto ha continuado así a lo largo de los siglos. La respuesta quizá te sorprenda: es porque no comprendemos la naturaleza de nuestro propio dolor, de nuestro sufrimiento. Miles de millones de personas vivimos sin el gran conocimiento de cuánta pena está oculta en nuestros corazones y mentes; en este caso, ojos que no ven, corazón que *sí* siente.

De hecho, la mayoría llevamos, enterradas en las profundidades de nosotros mismos, cantidades inconmensurables de penas inconscientes. Sin importar nuestra religión, el color de nuestra piel, nuestra posición social o condicionamiento cultural, el dolor psicológico no tiene favoritismos; todos pagamos el precio de la consiguiente culpa.

Desde las peleas con familiares y amigos, hasta los conflictos mundiales, las guerras persisten debido a que no se entiende el dolor que provoca esta gran separación entre nosotros; al final, la ignorancia de este dolor es lo que se manifiesta como guerras. Así que, aunque no es exactamente una materia popular de estudio, debemos examinar nuestro sufrimiento. Es una ley: *aquello que permanece oculto nunca podrá sanar.* Solo el verdadero conocimiento del ser puede terminar con nuestras lágrimas, sin importar cuál sea su naturaleza. Al final, la única manera de protegerse de la "lluvia de dolor" es despertar y alejarnos de la ignorancia de nosotros mismos, que es de donde proviene. Usa el siguiente conocimiento nuevo como ayuda para bañarte con el sol de tu verdadero ser.

Todo lo creado existe por la unión de los contrarios; el nacimiento ocurre en el vientre de fuerzas opuestas y, aunque parezca una paradoja, la inevitable destrucción, o la ruina de cualquier creación, también es el producto de fuerzas contrarias.

Estas últimas ideas expresan una de las leyes de la termodinámica: es decir, que la energía no se crea ni se destruye, sólo se transforma.

La creación es la "interacción" de estas energías opuestas, que en Occidente se representan como Padre, Hijo y Espíritu Santo, mientras que en Oriente se identifican como Brahma, Vishnu y Shiva, cada una la trinidad de lo divino; la fuente invisible del amor, la luz, la vida y la muerte, al igual que de las leyes que dirigen sus relaciones. Estas leyes eternas no sólo crean y gobiernan el universo en el que vivimos, sino que su incansable trabajo es exactamente el mismo dentro de nosotros. Como estamos a punto de ver, la liberación de uno mismo es directamente proporcional a nuestra capacidad para comprender la incesante interacción de estas fuerzas intemporales.

Cada vez que hay oposición, le sigue la resistencia. Por ejemplo, en el mundo físico de la naturaleza, este tipo de conflicto es natural, necesario y aceptado. Después de que el viento pasa, los árboles que ha tocado –después de que se les ha ejercitado y fortalecido debidamente como consecuencia– reanudan el curso natural de la vida. No se quedan allí resintiendo el viento que los agitó y que quizás incluso les arrancó sus bellas hojas. Esta interacción entre aquello que es activo (el viento) y lo que es pasivo (el árbol) se ocupa del perfeccionamiento gradual de toda la creación, o cuando menos ese es su propósito.

Cada vez que experimentamos momentos indeseables, o los "vientos" que suponen un desafío tanto para nuestra nave como para nuestra visión de algún puerto seguro que está por venir, nos resistimos a ello con uñas y dientes. Luchamos contra casi cualquier cosa o persona que parezca oponérsenos, esforzándonos en vano por controlar o evitar lo que pensamos que es un castigo. Y cosechamos los resultados de esta oposición: el dolor inconsciente de estar en conflicto con los propósitos superiores de la vida.

Sin embargo, algo de lo que no nos damos cuenta es que, sin la influencia de esas fuerzas opuestas que trabajan sobre nosotros, la inercia tendría el papel principal: nuestra naturaleza sería incapaz de cambiar. Por raro que parezca, sin percatarnos de manera consciente de nuestras propias limitaciones, es imposible que entendamos qué significa crecer; además, sin una conciencia más elevada de nosotros mismos, nunca llegaríamos a la siguiente conclusión vital:

Aquello que ahora percibimos como situaciones dolorosas o contrarias en la vida, en secreto son opuestos complementarios.

No sólo se completan uno al otro, sino que sirven para perfeccionar toda la creación a través de cada ciclo completo de vida y muerte que ayudan a producir.

En otras palabras, sin ellas no podría concebirse nada nuevo. El renacimiento se posibilita debido a que algo muere para asegurarlo. En esta ley eterna de la vida se oculta un nuevo entendimiento, una gran clave que muchos han buscado, pero que solo pocos han encontrado alguna vez. Como estamos a punto de ver, eso abre una puerta interior que conduce directamente a una relación consciente con la divinidad en nuestro interior.

La vida siempre te da algo mayor que lo que te pide, siempre y cuando estés dispuesto a desprenderte de esa parte de ti mismo que, por temor a lo nuevo, favorece lo viejo. Es imposible aferrarse a la persona que has sido... y que al mismo tiempo te liberes de ti mismo.

El gran cambio y el autosacrificio que eso demanda es el máximo secreto espiritual. Tu disposición a ponerlo en práctica es igual a encontrar el "amor perfecto que expulsa todos los temores".

Tu éxito depende de ser capaz de ver que la vida real es, en secreto, un momento único y hermoso que es incapaz de contradecirse. ¡Mientras más entiendas la manera en que esta verdad en particular incluye *todo lo que te sucede a ti*, más dispuesto estarás a desprenderte y seguir el flujo de los momentos incluso más desagradables!

Desde esta perspectiva, el viejo dicho de "déjalo pasar y que Dios se ocupe de ello" asume un significado completamente nuevo; es una sola acción que nace de dos partes en armonía: la necesidad de liberarte de una parte de ti mismo que ya no satisface tus intereses y el renacimiento simultáneo de un nuevo orden del ser, más allá de cualquier cosa que pudiste haber imaginado.

LECCIÓN CLAVE

El arrojo se presenta junto con el nacimiento de esta nueva comprensión: la única razón por la que la vida cambia como lo hace es para revelar la bondad secreta detrás de esos mismos cambios.

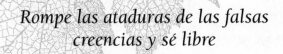

Rompe las ataduras de las falsas creencias y sé libre

erca del final de una atareada tarde, un viejo *caddie* de un exclusivo club de golf estaba haciendo sus rondas programadas —verificando que todo estuviera en el sitio correcto— cuando entró al área de casilleros de la casa club. Para su gran asombro, vio que en el piso estaba tirado un hombre que obviamente estaba extenuado.

Un momento después reconoció que era un miembro bastante nuevo del club. Al principio, temió que se hubiera caído y golpeado la cabeza, pero después de tocarlo ligeramente, el hombre se puso de pie de un salto, con una mirada de terror en el rostro.

—¿Está bien? —preguntó el *caddie*—. Me llevé un susto al encontrarlo tirado allí.

—Lo siento… de verdad… sí… estoy bien —respondió el hombre.

—¿Está seguro? Parece totalmente exhausto. Si no le importa que se lo pregunte, ¿cuántas rondas de golf jugó hoy? ¡Nunca vi a un hombre que estuviera tan cansado como para caer desmayado al piso!

Después de dudar un momento, el miembro del club respondió:

–En realidad ni siquiera he ido todavía a jugar.

El *caddie* entrecerró los ojos, intentando entender lo que el hombre le había dicho, y luego preguntó:

–No estoy seguro de entenderle. Pareciera como si hubiera jugado setenta y dos hoyos.

El hombre se sonrojó, obviamente avergonzado por algo, y luego respondió con una voz que apenas era más que un susurro:

–Supongo que estoy tan preocupado de dar una buena impresión –ya que soy nuevo aquí–, que mientras me estaba vistiendo para jugar ¡tuve tantos pensamientos angustiosos acerca de mi *swing*, que debo haberme agotado solo!

El *caddie* simplemente sonrió, al saber más que bien a qué se había sometido ese hombre. Entendió lo fácil que es enterrarse uno mismo bajo el peso de las falsas creencias y del conjunto igualmente falso de responsabilidades que estas conllevan.

En tal situación, creer que sólo tenemos la valía que los demás nos concedan nos agobia por la idea de que obtener la buena opinión de otras personas es, de algún modo, nuestra responsabilidad. Esa mentalidad equivocada nos convierte en la víctima perenne de nuestras relaciones y nunca salimos triunfadores en ellas.

La única manera de liberarnos de cualquier sensación dolorosa de una falsa responsabilidad es darnos cuenta de que se basa en una falsa creencia. Reconocer esa creencia falsa como lo que es nos libera del peso de las responsabilidades imaginarias inútiles.

Estudia con atención la siguiente lista de seis creencias falsas y las responsabilidades imaginarias que ellas generan. Atrévete a conocer todo lo que puedas acerca de tus propias creencias equivocadas y luego observa cómo te deshaces del peso de las responsabilidades ilusorias que las acompañan.

Creencia falsa número 1: Es necesario evitar a toda costa los momentos desagradables.

Responsabilidad falsa: Sientes que siempre debieras tener el control de todos y de todo.

Responsabilidad verdadera: Recibe todo lo que te suceda como una oportunidad para descifrar y trascender la carga inconsciente de ser alguien agobiado por cualquier falsa creencia.

Creencia falsa número 2: Tu valor o inutilidad dependen de la opinión de los demás acerca de ti.

Responsabilidad falsa: Estás convencido de que debes hacer lo que sea necesario para obtener la aprobación de todas las personas que conoces.

Verdadera responsabilidad: Sé real. Aprende lo que significa estar en posesión de ti mismo, y empieza con recuperar tu vida.

Creencia falsa número 3: Eres responsable de la felicidad o infelicidad que sientan los demás.

Responsabilidad falsa: Siempre debes ceder para garantizar la alegría de todos los demás.

Responsabilidad verdadera: Aléjate de la vida de todos aquellos que esperen que tú hagas por ellos lo que no están dispuestos a hacer por sí mismos.

Creencia falsa número 4: Debes aprender a tolerar a tus amigos y familiares que han aceptado justificar tus estados negativos y vivir con ellos.

Responsabilidad falsa: Todo el tiempo tienes que apaciguar las situaciones difíciles, asegurándote que nadie mueva suficientemente las aguas como para cambiar las cosas.

Responsabilidad verdadera: Reconoce todos los estados negativos como las emociones oscuras e inconscientes que son,

y niégate a justificarlas en ti mismo o en cualquier otra
persona.

Creencia falsa número 5: Puedes cambiar lo que pasó ayer, re-
pasándolo y reviviéndolo hoy.

Responsabilidad falsa: A menos que te preocupes de tu pasado y
sufras por él, el futuro no saldrá bien.

Responsabilidad verdadera: Puedes ser una nueva persona en este
preciso momento. Despréndete de cualquier cosa que te
impulse a repasar y revivir el pasado.

Creencia falsa número 6: Sentir un profundo estrés es una prueba
de que realmente te importa cualquier cosa por la que
estás sufriendo.

Responsabilidad falsa: De ti depende tolerar el peso de esas ideas
y sentimientos dolorosos que quieren hundirte.

Responsabilidad verdadera: Date cuenta de que aceptar el sufrimiento que viene de tus propios estados mentales y emo-
cionales tiene tanto sentido como culpar a una papa frita
que te acaba de quemar la boca.

Te exhorto a que te sientes y hagas tu propia lista de creencias falsas, junto con la legión de responsabilidades falsas que vienen con
ellas. Recuerda que tu única responsabilidad verdadera en la vida
—la única acción que siempre te llevará al éxito— es estar siempre
tan consciente y receptivo del momento presente como seas capaz.

Si nos negamos a ver lo que la vida está tratando de mostrarnos acerca de nosotros mismos, no podremos aprender. Si no
aprendemos la verdad acerca de nosotros, entonces es imposible el
verdadero conocimiento de nuestro ser. Sin un mayor conocimiento
de uno mismo, no existe forma de elevarnos sobre lo que somos y

llegar el camino más profundo que, por sí solo, conduce al logro de nuestras posibilidades más elevadas.

LECCIÓN CLAVE

La causa real e invisible de nuestro temor es la creencia falsa de que la vida puede enfrentarnos con algo —cualquier cosa— que sea mayor que nuestra capacidad para cambiarlo. Sin importar cuáles sean nuestra cultura, tradición o antecedentes religiosos, dentro de nosotros vive un valiente ser inmortal: una naturaleza trascendente que nunca teme los cambios imprevistos en la vida, del mismo modo que el sol nunca tiembla ante la aparición temporal de alguna sombra producida por su propia luz.

Las tres etapas de la autorrealización

Las almas de los aspirantes que han recorrido el sendero superior que conduce a alcanzar el ser inmortal nos han dejado indicaciones de sus obstáculos. Su legado de discernimientos y revelaciones espirituales sirve para establecer indicadores para los que desean despertar su divinidad dormida.

En este caso, todas las tradiciones orientales y occidentales señalan tres etapas diferentes de comprensión que debe atravesar el aspirante. Cada etapa tiene un carácter único y no es posible pasar por alto ninguna de ellas; de igual manera en que una semilla da origen a una flor y de esa flor nace el fruto, esas tres etapas son necesarias o sería imposible que nada creciera sin ellas.

Etapa uno: Sucede cuando inicialmente las almas se topan con el verdadero sendero superior, la mayoría de las almas aspirantes tienen una fuerte motivación y comparten un solo sentimiento positivo: "¡Mundo, fíjate bien que estoy a punto de dar el gran paso! *Nada* es imposible para mí". Esta etapa se conoce como certidumbre falsa.

La persona que se lanza por primera vez a esa búsqueda todavía no se percata de que su confianza incipiente es el subproducto de imágenes aduladoras del yo y de sus placeres concomitantes; el aspirante se identifica por completo con la promesa de los poderes imaginarios que están por venir. Colmado de la sensación de estar bajo esta falsa luz, el éxito parece seguro. En esos casos, parecería lógico pensar: "Muy pronto se presentará todo aquello que quiera que se manifieste, sea dinero o poder, y tendré dominio sobre los demás para usarlos como me plazca. Y en cuanto Dios reconozca mi grandeza, todos los demás también lo harán. Nada ni nadie se interpondrá de nuevo en mi camino". Esta es la primera etapa.

Etapa dos: Se caracteriza por una sensación cada vez mayor de duda. Esta es la etapa de la incertidumbre. Se han sufrido decepciones con muchas de las ilusiones anteriores e incluso los éxitos pequeños han resultado dolorosamente incompletos. Lo que alguna vez se consideró como fortaleza o resistencia –las mejores cualidades– resulta no estar disponible cuando más se le necesita o, peor aún, no existe. El aspirante entra en una época sombría; ninguno de sus poderes imaginarios tiene nada real que ofrecer. Parece como si no hubiera salida de la oscuridad.

Así que entonces el aspirante piensa: "¡Esta senda –mi vida– es imposible! ¡Casi nada de lo que he hecho para despertar ha cambiado nada, más que para demostrarme cuán dormido estoy!". Ahora el aspirante se siente perdido, ¡como un barco a la deriva que tiene el casco lleno de hoyos! Lentamente va creciendo en esa persona la convicción de que la divinidad lo ha abandonado o que todo ese recorrido no ha sido más que una quimera espiritual; en ese momento es cuando el aspirante entra a la "oscura noche del alma" que, si se atraviesa, le lleva a la tercera etapa de su viaje.

Etapa tres: Si logramos pasar por la primera etapa de los sueños inducidos por el ego, nacidos de algo que equivale a una divinidad imaginaria –en la que todo parece posible–, y luego seguimos adelante a través de la siguiente etapa necesaria de conmoción que destruye el ego –en la que todo parece imposible, porque ahora nos imaginamos como la criatura más ínfima de la Tierra–, *entonces* llegamos a la tercera etapa.

En ella, gradualmente llegamos a la conclusión de que tanto nuestro yo anteriormente "grandioso" como nuestro yo "terrible" son, en secreto, una sola naturaleza, un grado de conciencia que duerme en el mundo de sus propios sueños. Al enfrentar esta revelación –que esos modos del ser, aparentemente independientes, son en secreto el mismo– llegamos al entendimiento divino.

La persona que somos en realidad, nuestro ser verdadero, *no es ninguna de estas falsas identidades.* Toda la ilusión se desmorona ante nuestra vista interior. Pasamos sin esfuerzo de un mundo de sueños –gobernado por ilusiones– a la realidad de una relación consciente con nuestro ser inmortal.

Las tres etapas concluyen. Al percatarnos de su culminación, recibimos el don divino de la *certidumbre real.*

LECCIÓN CLAVE

El falso yo, en perpetua búsqueda o lucha por proteger el sueño de su percepción imaginaria de importancia, no se preocupa de boicotearse a sí mismo o de convertir en víctimas a los demás. Lo único que le importa a este yo dividido es encontrar un modo de validar su apremiante necesidad de sentir que tiene un significado, lo cual implica que su carácter es incapaz de tener humildad, compasión o remordimiento. Se ama a sí mismo y sólo a sí mismo.

La verdadera naturaleza del respeto
por uno mismo

El verdadero respeto por uno mismo debe incluir la presencia de una humildad que modere la tentación inherente en todas las formas de autovaloración; de otro modo, lo que llamamos respeto por nosotros mismos es, en realidad, tan sólo una forma de admiración secreta hacia nuestra persona: un estado falso y terrible que tiene tanto en común con el verdadero respeto del ser, como la que tiene una postal con el áspero litoral de altos peñascos y rugientes olas que representa.

Para percatarte de esta verdad, considera el profundo respeto que quizá sintamos hacia esas otras personas que sabemos que nos han precedido en el sendero, arriesgándolo todo para convertirse en el instrumento de algo divino, sin importar la ruta que hayan elegido.

Sabemos y percibimos, sin tener que pensar en ello, que estos individuos han alcanzado una relación con algo mayor y más sabio que la que tenemos nosotros. Existe un respeto natural por cualquier individuo que ha trascendido sus limitaciones y que, por este sacrificio, ha ascendido hasta lograr una sabiduría, comprensión, capacidad y felicidad que superan las que nosotros tenemos. Y en esta veneración encontramos un verdadero sentido de humildad que nos impulsa en dos sentidos, pero en una sola dirección.

Primero viene el reconocimiento de una calidad, carácter, paciencia o habilidad mayores que cualquier cosa que podamos conocer y, al mismo tiempo, la presencia tangible de esa posibilidad nos atrae en sentido ascendente y progresivo, de modo que aspiramos a alcanzar y realizar esas mismas alturas, si no es que mayores. Por supuesto que cierta forma de comparación dolorosa podría tratar de corromper esta necesidad recién avivada. Pero, por fortuna para nosotros, cualquier necesidad espiritual real está bajo la protección de la misma inteligencia que la imbuye en nosotros. En este caso, la seriedad de nuestra gratitud supera esas preocupaciones triviales. Después de todo, ¿quién en sus cinco sentidos resentiría estar en la cima de una alta montaña porque irradia una majestuosidad intemporal? Por naturaleza, el sabio desea adquirir esa perspectiva sin importar el costo, lo cual nos lleva a la última revelación.

El verdadero respeto por uno mismo es la realización del propio ser inmortal; no se puede conquistar, como tampoco puede conquistarse la inocencia de un niño. Es un despertar, un atisbo del propio estado inferior respecto a un estado elevado; como tal, incluye la tranquila humildad que nace de darse cuenta, al mismo tiempo, de nuestras posibilidades mayores y de la altura presente del ser, que se coloca por debajo y eleva la vista hacia ellas.

LECCIÓN CLAVE

El comienzo de la verdadera humildad consiste en despertar para percatarte de que cualquier cosa que encuentres en el otro sólo es lo que te falta por ver en ti mismo; ese es el primer paso hacia un orden nuevo y superior de la compasión.

Aprende a relajarte con otros
al liberarte a ti mismo

Esta es una acción simple, pero que al final será liberadora si deseas reducir la cantidad de estrés y ansiedad que sientes en compañía de otras personas, sean desconocidos, amigos o familiares:

Elige estar más interesado en descubrir
tranquilamente la verdad acerca de ti mismo
que en tratar de probar que de alguna manera
eres alguien especial o infalible.

Dentro de cada uno de nosotros habita un cierto grado inferior del "ser" cuya principal característica es garantizar que nadie dude jamás de su perfección. Cada vez que nos identificamos con esta naturaleza inconsciente, encarnamos su temor –un estado que, por cierto, sirve de prueba de su imperfección.

Además, ¿quién quiere proteger esa parte que es inherentemente ciega acerca de sí misma, aunque insista en que tiene visión perfecta?

LECCIÓN CLAVE

Siempre es el momento correcto de descubrir algo
nuevo y verdadero acerca de tu propia naturaleza
aunque, en ese momento, aquello que hayas
descubierto parezca completamente erróneo.

Mata al dragón del deseo doloroso

Mientras su limusina se estacionaba frente a las gigantescas columnas que conducían al Instituto por un Mejor Planeta, Paul miró el rostro de Bret, su mejor amigo, intentando discernir qué podría estar sintiendo. Después de todo, no todos los días una persona recibía el tan ansiado premio al Humanitario del año, no digamos la admiración de docenas de dignatarios que acudían al gran evento de esa noche.

Pero si Bret estaba emocionado, no daba señal de ello; de hecho, parecía tranquilo, sereno y como si se sintiera absolutamente cómodo con todo el escándalo que se estaba creando alrededor de su llegada.

Paul se sentía orgulloso de compartir ese momento en la vida de Bret y apenas podía controlarse de sonreír ante la buena fortuna de su viejo amigo. Al descender del automóvil, los dos se enfrentaron con el sonido de cincuenta cámaras que disparaban al mismo tiempo, combinado con los aplausos respetuosos de las personas que, paradas allí, habían estado esperando su llegada. Después de un corto tiempo, alguien del Instituto salió a toda prisa entre la

73

muchedumbre para rescatarlos y arrastrarlos al gran salón, en donde la mayoría de los huéspedes ya estaban aguardando.

Paul nunca había visto algo parecido: fila tras fila de fabulosas mesas de bufé, llenas de fantásticas esculturas de hielo que presidían montañas de camarones gigantes y colas de langosta. Multitud de mesas con torres de burbujeante champaña, pilas de patas de cangrejo gigante y fuentes atiborradas de delicados fiambres y quesos finos, intercalados con la exhibición más colorida y extraordinaria de verduras frescas y frutas exóticas que apenas podían imaginarse. Se sintió abrumado ante la opulencia de la comida y bebida; de hecho, le conmocionó su extravagancia. "Seguramente", pensó para sí mismo, "habrá mejores formas de gastar los valiosos fondos que se han donado al Instituto", pero ¿cómo mencionarlo a alguien sin agriar el momento?

Se sacudió la carga de sus propios pensamientos y se volvió para ver cómo le estaba yendo a Bret, esperando encontrar una gran sonrisa en su cara. Pero no vio nada parecido; en realidad, se asombró de observar que Bret miraba fijamente un centro de mesa que era un verdadero cuerno de la abundancia, con verduras y salsas de apariencia cremosa. Su malestar casi era tangible; algo lo había abrumado por completo. "¿Qué podría ser?", pensó Paul. Se acercó tanto como pudo a Bret, para hablarle sin que nadie más pudiera escucharlo.

—¡Hombre, deja de poner esa cara! —dijo en tono un tanto urgente, aunque amigable—. ¿Qué tienes? ¡Todo este asunto es en *tu* honor y pareciera como si alguien te hubiera quitado tu regalo de Navidad!

Bret giró la cabeza, miró por un momento a Paul y luego dijo:

–¿Puedes creerlo? Nada más *mira* eso… –y luego devolvió su mirada de enojo al centro de mesa que tenían enfrente–. ¿Qué sucede con esta gente? ¿En qué podrían haber estado pensando?

Paul se dio cuenta de que Bret se refería a algo que estaba sobre la mesa, pero no tenía ningún sentido. Así que le preguntó de nuevo:

–¿Qué te hace sentir tan infeliz como para permitir que te arruine una noche perfecta? –Pero no obtuvo más respuesta que el silencio de Bret, que seguía mirando fijamente algo que estaba sobre la mesa del bufé.

–Bret –dijo Paul–. *Te estoy hablando*, ¿qué pasa? Dime, haré lo que sea por remediarlo.

Bret se volvió lentamente hacia su amigo y, elevando el brazo, señaló con el dedo índice al centro de mesa. Era un modelo perfecto del planeta Tierra, formado con verduras frescas, que tenía un brillante corazón rojo hecho con perfectos tomates *cherry*.

–¡*Mira*! –dijo Bret hecho una furia–. ¡Mira eso! ¿Quieres saber qué está mal? ¡*Eso* está mal!

Paul elevó la cabeza y miró de un lado a otro, intentando detectar a qué señalaba Bret, pero no podía ver ninguna otra cosa aparte del hermoso arreglo de verduras frescas.

–No veo nada que esté mal, Bret –dijo Paul–. ¿Qué estás viendo que yo no puedo ver?

Bret prosiguió con su arranque de rabia como si fuera absolutamente lógico.

–*Todo* el mundo sabe que no tolero los tomates *cherry* y, sin embargo… –señaló de nuevo con el dedo al corazón del arreglo–, *debe de haber miles de ellos, justo en medio de todo*. ¡La velada se arruinó!

Para muchos de nosotros, una historia así parece inverosímil; de entrada, no parece tener sentido. Después de todo, ¿cómo es posible que alguien reciba tanto y que, en lugar de agradecer la abundancia de esos regalos, muestre tanta negatividad respecto a un solo elemento en medio de ellos? Pero si examinamos más de cerca la situación, y el grado inconsolable del ser que da origen a ello, quizá nos demuestre que todos tenemos más en común con este personaje infeliz de lo que podríamos pensar.

Es posible que nunca se haya hecho una fiesta en nuestro honor, pero seguramente sabemos de momentos "perfectos" similares en nuestras vidas. ¿Quién no ha estado en medio de sus vacaciones soñadas, sin preocupación alguna en el mundo, cuando de pronto todo se arruina? ¡A pesar de la abundancia que nos rodea, de pronto asumimos una actitud negativa o alguien no nos complace según lo que marcan nuestras expectativas!

O asimismo, ¿qué tal esos momentos en que –a pesar de cuántos de nuestros amigos nos tengan en alta estima– una sola cara de desaprobación, incluso de un desconocido, borra por completo nuestro sentido de valía? En un instante nos sentimos solos, sin amor y desprovistos de valor.

Por difícil y asombroso que pueda ser pensar en ello, las experiencias que señalo antes vuelven irrefutable el siguiente hecho: dentro de nosotros habita un cierto grado de deseo inconsciente al que le encanta *no querer.* Tiene sólo un propósito: esta parte de nosotros "vive" para resistirse a cualquier cosa que no esté a la altura de sus expectativas. ¿Por qué alguien querría vivir así? ¡Porque lo que más le gusta a esta naturaleza oscura es *ser negativo*!

En verdad, la mayoría de nosotros sabemos muy poco acerca de ese lado negativo del deseo, porque cada vez que se presenta para rechazar algo, internamente se nos dirige a buscar algo a lo cual culpar de nuestro dolor. Y a causa de esta distracción, nos cegamos al hecho de que esa naturaleza es, en y por sí misma, el origen del descontento que sentimos.

Ahora bien, comparemos esa naturaleza con el lado más familiar y "amable" del deseo que todos conocemos y aceptamos: esa parte "vive" para *querer*; este es un sentimiento que todos conocemos bastante bien, incluyendo el hecho de que si por el momento no está feliz disfrutando algo que "ama", ya está buscando qué más puede encontrar después. Aceptamos e incluso idolatramos este orden del ser, que existe para buscar y poseer lo que imagina que le hará sentirse íntegro y feliz. Después de todo, parece suficientemente inocuo querer lo que queremos y concedernos libremente este lado tierno de nuestros deseos. Pero si tomamos en cuenta todos los hechos señalados antes, podemos percatarnos de que muy pocos antes que nosotros han tenido ojos para ver.

El deseo es una moneda de dos caras. Un lado se conoce y acepta fácilmente, y se recibe con gusto su llegada por los placeres que promete. Sin embargo, el lado contrario de esta moneda, su rostro oculto, pertenece al gemelo oscuro del deseo que, al ser el contrario de su hermano, vive solo *para resistirse*. Esta naturaleza, la esencia de la negación misma, oculta su dolorosa presencia dentro de nosotros al hablarnos con nuestra propia voz y al decirnos por qué nos sentimos infelices, al mismo tiempo que nos susurra las razones por las que debemos sufrir en consecuencia.

Resumamos estos descubrimientos y recibamos sus revelaciones, aunque por el momento señalen algo que es desconcertante. Para nosotros, es imposible identificarnos con el placer de querer algo, sin toparnos con el dolor de *no querer* lo que sea que se atraviese entre ese deseo y su satisfacción. En otras palabras, al otro lado de ese sentimiento estimulante que se conoce como "Sí, quiero (esto)" se encuentra un estado debilitante llamado "No, no quiero (aquello)".

La experiencia personal valida este descubrimiento. Sin importar qué es lo que comúnmente deseamos, *nunca es suficiente*. De una manera u otra, por su misma naturaleza, *el deseo siempre quiere más*... lo cual nos conduce a la siguiente revelación sorprendente. Por favor, tómate un momento para ponderar su significado hasta que puedas ver las muchas verdades liberadoras del ser que se ocultan en ella:

Nuestra inevitable sensación de insatisfacción
con la vida es inseparable de cualquier cosa
que nuestro deseo nos haga buscar en nombre
de la felicidad imaginada que está por venir.

La naturaleza del deseo nunca puede conocer la felicidad duradera, porque literalmente va en contra de sí misma; es una "casa dividida" en el sentido más verdadero del término y sólo puede sostenerse en tanto pueda mantenernos apuntalando sus paredes que se colapsan constantemente.

Aprender a aceptar, y luego realizar acciones que se basen en este nuevo conocimiento del ser, es igual a adoptar un nuevo orden de conciencia que no puede caer en la trampa de actuar en contra de sí mismo.

LECCIÓN CLAVE

En vista de que ningún deseo puede alcanzar por sí mismo una satisfacción a través de cualquier cosa que imagine, su único recurso es imaginar más de lo que sea que no pudo satisfacerlo la primera vez. Este ciclo invisible es el impulso primario de la adicción, entre otros estados ocultos que comprometen al individuo, e impulsa esa maquinaria oscura llamada ambición, cuando el deseo inconsciente intenta seguir llenando un balde sin fondo mediante verter agua imaginaria en él.

Abandona las demandas dolorosas

En los momentos difíciles, la tendencia es resistirse a las situaciones indeseables debido al dolor que se presenta con ellas. Pero la verdad detrás de esos momentos es muy diferente de nuestra percepción habitual y de la reacción mecánica hacia ellos.

Ningún momento por sí mismo es causa de nuestro dolor. La verdadera fuente del sufrimiento proviene de la demanda inconsciente que depositamos en la vida... y no en lo que la vida parece negarnos.

No podemos cambiar a los demás –o el propósito de cualquier momento determinado a medida que se desarrolla–, pero sí podemos esforzarnos en demandarles menos. Sólo gracias a este acto podremos esperar la libertad que buscamos porque, al final, lo único que nos aprisiona es nuestra resistencia a cualquier cosa que se oponga a nuestras demandas profundamente arraigadas.

LECCIÓN CLAVE

El dolor de la impaciencia, ansiedad o de casi la
mayoría de los estados de estrés, no existe sin la
presencia de cierto aspecto invisible en nosotros
mismos que demanda que los sucesos ocurran
precisamente como los hemos imaginado.

La resistencia es atracción negativa

Metido en un profundo y remoto desfiladero en las alturas de las montañas del Himalaya, se encuentra un monasterio secreto que tiene la misión de capacitar a los aspirantes a maestros en la perdida ciencia de la realización del ser. Sólo aquellos que han estudiado en ese sitio o que tienen permitido vivir allí, llegan a saber de su existencia.

En las primeras horas de una mañana, después de una sesión de meditación particularmente difícil y luego de semanas de intentos inútiles por aquietar su mente, uno de los jóvenes aspirantes se apresuró a encontrar a uno de los monjes mayores y se arrojó a sus pies, cubierto en llanto y rogándole:

—Por favor, maestro, ¡ayúdeme! Siento como si hubiera llegado a un callejón sin salida en mi trabajo para liberarme. Sin importar lo que haga, no encuentro cómo escapar de esto.

El maestro levantó al joven del suelo, miró tranquilamente sus ojos llenos de lágrimas y luego empezó a hablar con voz firme, pero amorosa:

–En primer lugar, mi joven amigo, despierta; abandona el dramatismo innecesario. Sólo entonces tendremos esperanza de aprender algo los dos.

Con la manga de su hábito, el aspirante se secó el rostro e hizo lo más posible por tranquilizarse, y luego dijo:

–Sí, por supuesto, maestro. Como usted ordene.

–Muy bien –respondió el maestro–. ¿Qué es lo que quieres preguntarme?

El aspirante recobró el control de sí mismo y dijo con voz tranquila:

–Maestro, ¿qué pasa conmigo? ¡No puedo deshacerme de estos estados negativos! ¿Por qué siguen regresando a mí, sin importar lo que haga para librarme de ellos?

El maestro pensó por un momento y respondió:

–Porque tú no los quieres.

LECCIÓN CLAVE

La resistencia a los momentos indeseables parece
inteligente; nos parece sabio estar en contra de
cualquier cosa que percibamos como un castigo.
Pero esa resistencia no nos aparta del sufrimiento,
sino que, por el contrario, nos ata a él.

Cinco leyes simples para ayudarte a alcanzar tus posibilidades espirituales más elevadas

Todos estamos familiarizados con las leyes generales que gobiernan nuestro bienestar físico: comer alimentos sanos, ejercitar tanto la mente como el cuerpo y evitar a las personas y lugares tóxicos siempre que sea posible. Si se siguen estas sencillas leyes, se estará relativamente libre de sufrimientos; si se rompen, te colocas bajo el control de otro conjunto de leyes que son casi una garantía de que no estarás feliz con cómo te sientes.

Como se muestra antes, esto ocurre de manera muy parecida en cuanto a las leyes espirituales que gobiernan lo que descubriremos o no acerca de nosotros mismos en el curso de esta vida. Y cuando entendemos que el conocimiento del ser es para nuestro crecimiento espiritual lo que la lluvia de primavera es para las semillas de las flores silvestres que la aguardan, entonces también nos percatamos de lo vital que resulta no sólo adoptar estas leyes superiores, sino aceptarlas con nuestra mente, cuerpo y alma.

A continuación, se presentan cinco leyes que te ayudarán a despertar y darte cuenta de tus posibilidades espirituales superiores.

Si las cosas no fluyen, entonces te falta algo por conocer

Aprende a reconocer que todas las formas de tensión –ya sea en el trabajo, en tus esfuerzos creativos o en tus relaciones– son innecesarias. El creciente conflicto que sientes cuando estás ocupado con alguna tarea nunca es producto de la labor que tienes enfrente, sino de lo que aún no sabes acerca de ella. Esto significa que la única razón para tu estrés es que te has aferrado a una idea equivocada que aún no puedes ver que es incorrecta. Este nuevo discernimiento te permite liberarte, al demostrarte lo que necesitas saber. Este nuevo conocimiento hace que después todo siga el curso correcto.

Niégate a seguir la ruta del camino fácil

No hay manera de escapar de lo que no sabes y esa es la razón por la que cada vez que te sientes impulsado a darle la vuelta a un problema siguiendo el camino fácil, al fingir que no existe, culpar a los demás de tu dolor o enfrentarlo con medidas parciales, ese problema siempre regresa. ¿Y no es eso lo que hace que la vida parezca tan difícil? Aprende a pensar que "el camino fácil" es una idea engañosa que te mantiene preso y encadenado. Superar algo no es lo mismo que terminarlo. Y a medida que este discernimiento crezca, también lo hará tu comprensión de que todo el concepto de seguir "el camino difícil" también es una idea engañosa. Ahora lo sabes: la ruta completa representa el menor esfuerzo, así que ofrécete a convertir "el camino difícil" en tu manera de actuar y aprende lo que significa vivir sin esfuerzo alguno.

Mantente alerta a la oportunidad de aprender algo nuevo

Las cosas cambian todo el tiempo. Eso significa que la vida se vuelve una interminable ocasión para aprender algo nuevo, pero esto representa más de lo que parecería a simple vista. Del mismo modo que formas parte de todo, todo forma parte de ti. La totalidad de la vida tiene una conexión y tu capacidad para aprender es parte de la maravilla de esta totalidad completa pero siempre cambiante. El aprendizaje sirve como una ventana hacia el mundo complejo que ves alrededor de ti, mientras que a través de él puedes ver a tu "yo" que está ocupado observando al mundo. Y cuando hayas aprendido que no existe final para lo que puedes ver de los sorprendentes mundos que giran tanto alrededor como dentro de ti, también sabrás que no existe un final para ti. Así que permanece despierto y aprende algo nuevo cada día. Te encantará cómo te hace sentir acerca de ti mismo.

Considera a las conclusiones como limitaciones

Si abordas las posibilidades de aprender sobre tu vida como algo ilimitado –lo cual es cierto–, entonces cualquier conclusión acerca de ti mismo tiene que ser una limitación oculta. ¿Por qué? *Porque siempre hay algo más que ver*. Por ejemplo, permítete darte cuenta de que todas las conclusiones son ilusiones en lo que se refiere a la seguridad que prometen. Es posible que una prisión sea segura, pero tampoco existen opciones detrás de sus muros restrictivos. Aprende a percatarte de que todas las conclusiones acerca de ti mismo son celdas invisibles, porque eso es justo lo que son. La aparente seguridad que ofrecen estas conclusiones es un triste sustituto de la verdadera seguridad de saber que el ser que eres en realidad siempre está libre de llegar a algo que es superior.

La persistencia siempre triunfa

Si persistes en tu deseo sincero de lograr un aprendizaje más elevado, no puedes evitar triunfar. La persistencia siempre triunfa, porque parte de su poder es mantenerte firme hasta que el mundo se alinee con tu deseo o hasta que te des cuenta de que tu deseo está equivocado. Pero, sin importar cómo resulte todo en ese momento, has conseguido algo que sólo puedes adquirir con la persistencia. Si consigues lo que *piensas* que debes tener para ser feliz y sigues insatisfecho, entonces *has aprendido que eso no funciona*. Ahora puedes ir en búsqueda de cosas más elevadas. Y si te enteras de que te has estado desgastando con deseos inútiles, este descubrimiento te permite volcar tus energías en una nueva dirección: la liberación de ti mismo.

LECCIÓN CLAVE

Permitirte actuar de un modo tal que te niegue una nueva conciencia de ti mismo —sin importar el sentido que tome— es lo mismo que negarte el derecho de alcanzar la profundidad y amplitud ilimitadas del ser inmortal.

Crece hasta alcanzar un amor que perdure

Este es un sencillo conjunto de instrucciones para aquellos que quieren que su amor perdure:

No intenten complacerse el uno al otro, porque cada uno cambia de placeres constantemente. En lugar de ello, esfuércense en complacer al amor... y con ello complacerán aquello que es capaz de producir amor en el otro. Esta comprensión por sí sola nutre su amor y, a su vez, el amor nutrirá la vida que tengan juntos.

Instrúyanse y ayúdense a ser independientes. La dependencia inadecuada de uno hacia el otro engendra temor y crueldad. En vez de ello, aprendan a depender del amor, porque el amor engendra amor... y el verdadero amor siempre es independiente y amable.

No intenten cambiarse uno al otro, ya sea de manera sutil o abierta. Eso crea resentimiento. En lugar de ello, permitan que el otro encuentre su propio camino. Esto no significa que se apruebe cualquier cosa que parezca incorrecta u obviamente equivocada. Simplemente significa que no deben condenarse uno al otro por una debilidad, ya que el amor nunca descarga su ira, sino que siempre se esfuerza por elevar al objeto amado.

LECCIÓN CLAVE

No es posible separar los problemas de este mundo,
incluyendo el dolor que se sufre al aceptar que
se honrará, respetará y apoyará a aquellos que
amamos, del despertar de la paciencia y generosidad
que no pueden brotar en nosotros de ninguna
otra manera.

Realiza el gran cambio

Los árboles absorben la luz del sol, transformando su vibrante energía en flores que se convierten en frutos; de igual manera, dan lugar a sistemas de raíces que se extienden lentamente y que sirven de ancla tanto para el árbol como para el suelo, así como hojas que crecen y que dan sombra a cualquier criatura que busque un alivio para el calor del mediodía.

Luego puede aparecer por ahí la ardilla adolescente, tan plena de energía resplandeciente que no puede caminar, sino que literalmente salta de un punto a otro como un trompo que gira a gran velocidad, trayendo una sonrisa a cualquiera que esté allí para compartir su dicha. Por supuesto, también están las lluvias del final de la primavera, que lavan y refrescan los resecos pastos, los cuales alimentan a la cierva que amamanta a su crío recién nacido.

Y así ocurre de manera sucesiva, este gran principio se pone en evidencia frente a la mirada de personas que aún deben percibir su perfección… o no habría ningún temor que pudiera venir a oscurecerla: *la vida real se trata del cambio*. Es una incesante cascada de fuerzas intemporales, cuyas interacciones inteligentes sostienen cada área de la creación, todo al servicio de una vida indivisible, cuya totalidad oculta es mayor que la suma de sus partes.

Este es el gran modelo, la matriz de la realidad, como se refleja desde lo más alto hasta lo más bajo. No existen excepciones, ni nadie se libra de sus decretos o propósitos. Cualquier apariencia de que las cosas son diferentes es justo eso y cada vez que rompemos esta regla –al aferrarnos a quienes hemos sido o lo que hemos sido, cuando nos enfrentamos a cualquier situación que intenta mostrarnos que hemos dejado atrás el viejo modelo– boicoteamos su propósito divino y entonces, como la hierba que crece detrás de un arado descompuesto, la consecuencia es el dolor inútil.

Esta comprensión tiene implicaciones directas para quienes aspiran a conocer el ser inmortal. Nuestro propósito no es aferrarnos al pasado –para buscar allí, por la sensación de alegría o conflicto, una idea acerca de quiénes somos–. Podemos cambiar este orden mental, que se esfuerza por conocer su sitio en la vida, por la paz que se obtiene de nuestra redención con la vida.

Nuestra finalidad no es llevar la cuenta de lo que otros nos deben, llenándonos de pensamientos displicentes acerca de cómo fallaron en satisfacer nuestras demandas. Tampoco se nos creó para cargar sobre nuestros hombros las afirmaciones crueles y despiadadas de los demás, y esto incluye nuestros remordimientos acerca de las ocasiones en que pudimos haber hecho lo mismo. Podemos intercambiar esa naturaleza de resentimiento, que existe para revivir las decepciones, por una comprensión nueva y superior que permite no sentirse agredido por los actos que otros han cometido en su estado de inconsciencia, del mismo modo que una montaña no siente dolor por el paso de una tormenta.

No hemos venido aquí a mantener nuestra vista en algún "mañana" del que ciegamente tomamos prestado el falso placer de lo que "podría ser". Tales sueños no sirven más que para tranquilizar al yo que duerme en un sentido espiritual: un imaginario sentido del "yo" que siempre llega demasiado tarde a la conclusión de que sus esperanzas en tales cosas son iguales que la pena que sentirá mañana. Podemos cambiar esta lucha ansiosa de sentirnos completos en algún "tiempo más feliz" que está por venir, por la concienciación de que nuestro ser inmortal está –y siempre ha estado– completo.

LECCIÓN CLAVE

En realidad, la persona que eres ya está completa,
pero esta virtud no puede conocerse ni guardarse
más de lo que una gota de lluvia puede saber que
su madre es algún mar a gran distancia ni impedir su
regreso allí, a su origen.

Observa cómo pasan las olas
de los pensamientos y sentimientos

Karen y Sophie eran dos amigas muy cercanas que fueron de vacaciones a una isla tropical. A su llegada, pasaron todo el día jugando en el mar, antes del gran *luau* de bienvenida que ocurriría esa noche.

Pero al inicio de la celebración, en medio de toda esa exhibición de buena comida y fantástica música isleña, Karen apenas podía mantenerse despierta. Estaba completamente agotada; de hecho, tenía un poco de resentimiento hacia su amiga. Por alguna razón, Sophie no mostraba señales de bajar el ritmo, mientras que lo único que quería Karen era caer dormida en algún sitio. ¡No parecía justo!

De modo que puso en orden sus pensamientos –al igual que su expresión, para no demostrar nada de la molestia que sentía en su interior– y llamó a un lado a Sophie para decirle:

–No entiendo. Las dos hicimos las mismas cosas todo el día: nos recostamos en la playa y nadamos en el mar. ¿Por qué no te sientes tan cansada como yo? ¿Cómo es posible que tengas tanta energía de sobra y yo esté al borde del colapso?

—Bueno —dijo Sophie—, lo único que se me ocurre es que mientras jugábamos entre las olas —que es lo que hicimos casi todo el día— yo disfruté descansando tranquilamente entre una y otra; en cambio tú… bueno, tú no lo hiciste.

LECCIÓN CLAVE

Un árbol tiene muchas hojas y el viento las toca a
todas de un modo u otro. Algunas se agitan, algunas
tiemblan y otras apenas se mueven. Sí, el árbol
conoce sus movimientos, pero ni el viento ni las
hojas que este mueve son el árbol que siente su
contacto. Los pensamientos y los sentimientos son
como las hojas: aprender a observar
cómo se mueven es mucho mejor que dejarse
llevar por cada brisa.

Siembra las semillas del verdadero conocimiento del ser

La vida real no sigue esquemas; es imposible "saber" y crecer al mismo tiempo. Sí, se puede tener la fórmula para un medicamento o una receta para una buena ensalada verde, pero no existe sistema de pensamiento que pueda estar a la altura de los cambios constantes de la vida real, no digamos para enfrentar con valor esos mismos cambios. Quien se conoce a sí mismo solo a través del pensamiento, nunca puede desarrollarse más allá de su propio contenido, del mismo modo que ninguna ecuación matemática puede repentinamente convertirse en algo más que el montón de cifras que la conforman.

En términos espirituales, una de las razones por las que queremos saber —por anticipado— cómo hacer ciertas cosas es porque deseamos ahorrarnos tiempo en nuestra búsqueda espiritual; queremos llegar al meollo del asunto de cómo terminar con nuestros conflictos y alcanzar la felicidad que hemos imaginado. Queremos estar en paz.

Entre las muchas contradicciones ocultas que existen al abordar nuestra búsqueda interna desde una mentalidad así, se destaca una en particular: mientras más intentamos ahorrar tiempo –encontrar el atajo para conseguir una conciencia más elevada–, más creamos y más nos esclavizamos a un falso sentido del tiempo. Nos identificamos más con el grado de conciencia que crea la prisión del tiempo de la cual deseamos escapar.

La verdad es que *no podemos saber de antemano qué hacer en cualquier momento determinado.* Tratar de enfrentar a la vida con ideas preconcebidas sobre cómo manejar lo que se va desenvolviendo frente a nosotros –*antes de que ocurra*– es como el esquiador que quiere saber dónde debe dar la vuelta ¡antes de llegar a la montaña que pretende esquiar! Añade a esta idea el hecho de que sin importar los ideales o sistemas de ideas que utilicemos como medida, pronto estos se transforman en el estrado de un juez, desde donde asignamos alguna forma de castigo a los demás (o a nosotros mismos) por no hacer lo que pensamos que debería haberse hecho.

El conocimiento, sin importar cuán sofisticado sea, es una herramienta. Proviene de lo que ya ha sucedido y allí pertenece; es el pasado convertido en una fórmula. Como tal, nos encarna, define y relaciona con la vida a través de lo que nosotros mismos y las otras personas hemos llegado a saber que es verdad acerca de la realidad.

Pero la vida real no se restringe a lo que fue; siempre es nueva. *Siempre es ahora.* Y aunque esta puede sacar a relucir, por ley, ciertas condiciones o sucesos que son precursores de cómo se presente –lo que conocemos como *karma*–, es más que sólo estas formas, del mismo modo que el capullo floreciente es más que sus pétalos recién abiertos.

La vida real es la expresión de fuerzas inteligentes y vivas que moldean activamente lo que tocan, al igual que lo que sea que entre en contacto con ellas. Podría decirse que cada momento aparece como lo hace –de cualquier forma o color, duro o suave, oscuro o claro– para enseñarnos algo sobre nosotros mismos. ¿Cómo podemos tener la esperanza de aprender lo que debemos aprender de tales momentos si los abordamos sabiendo cómo deberían desenvolverse? *Nada es improvisado.*

Y del mismo modo en que no confundiríamos una escalera con el techo desde donde esperamos ver las estrellas, tampoco deberíamos confundir el conocimiento con esas revelaciones más recónditas que sólo pueden venir a nosotros a través de comprendernos a nosotros mismos. Este grado de conocimiento del ser genuino nunca es estático. No exige nada a la vida; en consecuencia, no teme nada de lo que la vida pueda revelar. No tiene nada que ver en absoluto con los pensamientos, los planes o propósitos imaginados de otro modo.

El verdadero conocimiento del ser es el sólido fundamento de la paz y seguridad duraderas. Forma una unidad con el momento presente y con una inteligencia eterna que de inmediato está consciente de todo lo que ocurre dentro de ella, incluyendo lo que se produce como resultado. Este es tu ser inmortal.

LECCIÓN CLAVE

La vida es cambio; es creación que se revela a sí misma. Podemos percatarnos de nuestra existencia dentro de su movimiento, como una parte elegida de sus designios divinos, o podemos continuar luchando con los momentos indeseables, con base en la creencia falsa de que nuestro dolor sobre su apariencia temporal es prueba de que sabemos cómo se supone que se desarrolle la historia de nuestra vida.

Para llegar a las orillas del cielo

De la misma manera en que un barco perdido en el mar debe corregir su curso con la esperanza de llegar a puerto seguro, así el aspirante debe estar dispuesto a que la vida corrija su curso, si quiere tener cualquier esperanza de avistar las orillas del cielo. En realidad no se trata tanto de que la vida misma nos corrija, sino que *sirve para revelarnos lo que somos ante nosotros mismos*. Cuando así ocurre, nosotros tenemos la opción de auto-corregirnos o de desviar la luz de la revelación que nos convoca a un cambio. Y cuando consideramos que no existe una corrección real sin que esta luz brille sobre nosotros, entonces –de un cierto modo extraño y misterioso– sus acciones deben formar parte de nuestro proceso de perfeccionamiento.

Esa es la razón por la que negarse a la corrección –el rechazo a cualquier experiencia que nos demuestre la necesidad de des-prendernos de lo que hemos sido y de quienes hemos sido hasta ese momento– es igual a negarse a la invitación para establecer una relación consciente con el propio ser inmortal. Después de todo, ¿qué otra cosa puede ser la iluminación de cualquier estado oscuro y limitante dentro de nosotros, sino una invitación –de parte de la misma luz reveladora– a superar las áreas que hemos accedido a perpetuar dentro de nosotros?

Cada vez que nos desprendemos y crecemos de este modo, no se trata tanto de que aprendamos algo nuevo, sino de que hemos accedido a que se nos ayude a alcanzar la plenitud. Con cada corrección que nos percatamos que necesitamos hacer –y que hemos acordado hacer dentro de nosotros–, nuestra mente y corazón entran en una nueva relación con la luz que reveló esa necesidad. De esa manera, no sólo nos unimos con la luz, sino que ella se une con nosotros. Se nos santifica.

Acepta la corrección; elige recibir la enseñanza. Si la luz no puede tocarte, tampoco puede demostrarte la plenitud de tu ser inmortal.

LECCIÓN CLAVE

Nunca estamos más cercanos a concretar el siguiente orden de nuestras posibilidades más elevadas que cuando, bajo la luz de una nueva conciencia, vemos alguna antigua oscuridad dentro de nosotros y aceptamos que ya no podemos ser lo que hemos sido.

El origen secreto de la pena futura

Dean y Charlie crecieron juntos y asistieron a la misma preparatoria y universidad de su localidad. Charlie se casó y se divorció, y luego se volvió vendedor itinerante de una empresa global de cosméticos.

Por otro lado, Dean nunca se casó y permaneció en su pueblo natal realizando diversos trabajos, en ninguno de los cuales pudo permanecer por largo tiempo.

Aunque los dos hombres rara vez se vieron en los años siguientes, su amistad permaneció intacta.

Después de un viaje particularmente largo al extranjero, Charlie estaba feliz de haber regresado a su tierra de origen y de conducir por los tranquilos caminos del campo. Siempre le había parecido que los espacios abiertos eran más agradables, luego de haber pasado tanto tiempo en ciudades atiborradas de gente. No podía esperar para llegar a casa y ver a su familia. Pero a mitad del camino se dio cuenta de que eso tendría que esperar. Necesitaba comprar unas baterías en la ferretería, así que decidió parar en el pueblo.

Mientras conducía por la calle principal, le llamó la atención un anuncio escrito a mano sobre una nueva tienda: "Armarios a la medida de Dean".

"¡No puede ser!", pensó Charlie. Pero al estacionarse frente al enorme escaparate de la tienda, confirmó sus sospechas. Allí, parado tras el mostrador, estaba su viejo amigo Dean.

Charlie bajó del auto, caminó hasta la tienda y dijo:

–¡Hola, Dean! ¿Qué es todo esto?

–¡Hola, viejo amigo! ¿Cuándo regresaste?

–Hace menos de cuarenta minutos –respondió Charlie mientras examinaba el local totalmente vacío–. ¿Desde cuándo empezaste a hacer tus propios armarios a la medida?

Dean lo miró y dijo:

–Bueno, no estoy seguro de si estás enterado, pero intenté fabricar sillas a mano, bueno, por lo menos eso hice durante un tiempo.

–No, supongo que nunca me enteré de ello –contestó Charlie–. Es un poco difícil mantenerse al tanto con todas las cosas que pones en marcha.

Dean bajó la voz y prosiguió:

–Sí, ese negocio no funcionó del todo bien como yo esperaba.

–Válgame, Dean, qué pena me da oír eso; me refiero a que siendo un chico de la localidad y todo eso, parecería que la gente de por acá respaldaría casi cualquier cosa que quisieras hacer.

–Sí, eso es cierto, excepto por un pequeño detalle…

Charlie levantó la ceja en señal de duda.

–¿Cuál?

Dean soltó una risita como si hubiera oído un buen chiste.

–¿Quién lo hubiera pensado? ¡Resulta que no tengo absolutamente ninguna habilidad para la carpintería!

Al principio, Charlie no daba crédito a lo que había oído.

–Dean, ¡estoy confundido! Con todo el respeto que me mereces, ¿en qué estabas pensando, amigo? ¡Fabricar armarios a la medida requiere mayores habilidades de carpintería que las que se necesitan para hacer sillas!

Entonces, mirando a Charlie directamente a los ojos –como si la situación fuera perfectamente lógica–, Dean le brindó su mejor sonrisa de chico campirano y dijo:

–No te falta razón, pero esta vez espero que las cosas vayan mejor.

LECCIÓN CLAVE

Esperar que llegue algún momento imaginario en que finalmente logres ese "cambio positivo" en tu vida es como desperdiciar el tiempo quejándote del estado lamentable del jardín de tu vecino, cuando el tuyo está lleno de hierba mala.

Ve la luz

—¿Por qué dices que tu color es el blanco, cuando puedo ver que eres azul? –preguntó aquella que se consideraba verde, pero que, en realidad, era de un tono amarillento.

Luego otro que se consideraba rojo, pero que en realidad era casi negro, espetó: –¡No eres en absoluto del color que afirmas ser y *ese es un hecho*!

Así que rojo, azul, negro y amarillenta se acusaron entre sí a lo largo del día, hasta entrada la noche. Finalmente, ninguno se percató de que todos se habían perdido de ver la luz.

LECCIÓN CLAVE

La prisa por juzgar como un defecto de carácter
lo que vemos en otro ser humano tiene la misma
velocidad con la que la falsa naturaleza se apura en
ocultar de sí misma una imperfección similar.

Un dios personal: ¿imaginario o real?

El concepto de un dios "personal" se debe en parte a la necesidad de la mente dividida de reconfortarse a través *de lo que imagina* que se requiere para integrarse —lo cual, por cierto, nunca se puede lograr—. Lo llames como lo llames, hecho científico o espiritual, la verdad sigue siendo la misma: *nada que esté opuesto puede lograr la plenitud.* Y, en consecuencia, el horror de las guerras religiosas se convirtió en un sustituto para la salvación imaginada de un cielo que nunca llegó. Parece más agradable odiar al vecino que confesar que el amor del propio dios imaginario es impotente para librarnos del temor y del odio que engendra.

Aquellos que han tenido un auténtico despertar espiritual, que han alcanzado su ser inmortal, a menudo describen una profunda sensación de tener una relación personal con la divinidad.

Esto se debe a la naturaleza en sí de las revelaciones que ese despertar trae consigo: gracias a una luz celestial, uno puede ver que no existe un yo independiente; no hay un "yo" aparte de "tú". Uno se integra a una esfera más amplia de realidad, junto con sus consuelos y dones acompañantes.

En términos metafóricos, al final el aspirante alcanza una esfera en la que no sólo le es innecesario "creer" en un dios personal, sino que reconoce que esto es obstrucción para la comunión permanente con el propio ser inmortal, una conciencia superior muy real e intemporal que incluye el amor divino y la compasión por todos.

LECCIÓN CLAVE

El gran error universal que secretamente impulsa el conflicto humano, con todas sus penas y dolores, es que se busca encontrar el significado de la vida fuera de nuestro corazón y nuestra mente.

Cómo atraer la atención divina

A lo largo de los muchos años de vivir en la pequeña cima de una montaña en el sur de Oregon, he aprendido muchas lecciones espirituales de valor incalculable al observar la vida silvestre en los bosques que rodean mi casa. En realidad, la naturaleza y sus criaturas siempre están exhibiendo algunos de los principios más profundos que esperamos aprender. *Las fuerzas celestiales se ocultan en las cosas comunes.* Esta concienciación de su incansable sabiduría y gracia nunca cesa de revelarse a aquellos que aprenden a ver las muestras de su bondad. Una breve historia personal narra una de tales revelaciones.

Hace varios años empecé a arrojar cacahuates a algunas de las parlanchinas urracas ocoteras que visitaban con regularidad mis alimentadores para aves. Con el tiempo, comencé a aprender algunos de los cantos de estas aves y gradualmente pude reproducirlos para llamarlas de los bosques cercanos a mi casa, que es donde hacen sus nidos. A la larga, me hice amigo de una de estas urracas a la que llamé Latoso. ¡Poco sabía lo profético que resultaría su nombre!

A medida que nuestra relación fue evolucionando, con el tiempo Latoso aprendió lo siguiente: si aterrizaba justo en una de las bancas que están directamente frente a la ventana de mi oficina, y ya posicionado allí se dedicaba a verme fijamente con añoranza, ¡a la larga siempre me levantaba de mi silla y le arrojaba algunos cacahuates! Incluso aprendió a sacudir y esponjar las alas, como hacen las aves recién nacidas para provocar la respuesta de alimentación de sus padres. Me sentía impotente para resistirlo.

Actualmente, casi todos los días –y, de hecho, varias veces al día–, Latoso se presenta a pedir unos cuantos premios. Su persistencia es imposible de describir. Pero hay algo que sí puedo decirles con toda seguridad: cuando se posa el tiempo suficiente frente a mí, esperándome como si estuviera seguro de lo que voy a hacer, estoy perdido. Su constante petición no verbal siempre consigue la acción que quiere provocar. Y si nuestra relación refleja de cualquier manera la verdad de lo que sucede cuando una criatura pide algo a otra de manera consistente y persistente –y estoy seguro que es así–, *entonces ¿cuánto más válido será este mismo principio para alguien que pide de manera persistente y consistente tener un contacto con la divinidad?*

Al igual que no soy capaz de negarme a lo que me pide esta hermosa ave azul con su penacho negro, tampoco la Bondad misma que revela esta relación es capaz de negarse a dar una parte de su reino celestial a todos los que persistan en pedirlo.

LECCIÓN CLAVE

Atender y llevar a cabo lo que pide de ti el momento presente es el asunto que gobierna la vida real. En el silencio de esta relación, se revela y recibe al mismo tiempo la sabiduría y riqueza de tu ser inmortal. Unas cuantas de estas riquezas intemporales incluyen una fe que ningún miedo puede estremecer, una inocencia que ninguna tentación puede alterar y una libertad de la que no puede privarte ningún momento indeseable en la vida.

La muerte no es el final de la vida

Vivimos en un arroyo de luz viva que nunca deja de verterse sobre nosotros, ya que se alimenta de manera incesante de nuestro interior. La primera parte de este comentario inicial es obvia: la luz del sol cae constantemente sobre nuestra Tierra, vivificando y nutriendo todo lo que toca. Y aunque este tipo de luz nos permite ver todas las maravillosas formas y colores que contemplan nuestros ojos, existe otro tipo de luz que tiene un estrato superior.

De modo muy parecido a como la luz solar revela el mundo que nos rodea, esta luz interior ilumina los mundos dentro de nosotros y algo más. A través de las revelaciones que sólo ella hace posible –al exponer cualquier cosa que pueda estar oculta para nosotros–, encontremos y cultivemos una comprensión que se expande en forma constante acerca de quiénes somos y qué somos en realidad. Y comencemos a darnos cuenta de que nuestras posibilidades en la vida son tan interminables como la luz que las revela. Poco a poco, adquirimos conciencia de que ponernos bajo esa luz es lo mismo que alcanzar la promesa de una revelación siempre nueva y liberadora del ser.

Por ejemplo, cuando miramos por una ventana, es posible que nuestros ojos físicos contemplen un campo verde con un árbol solitario que derribaron las tormentas de invierno de hace tres años y que ahora yace tirado en el suelo. Muchos seres pequeños se han mudado ya dentro de él y lo han convertido en su casa. Quizá tengamos la bendición de que nos conmueva la belleza de ese sitio y que nos cubra la luz de su significado. Pero ante nuestros ojos se presenta algo que es bastante más bello que esta simple escena bucólica; existe en ese momento un significado oculto que es más profundo y superior, y que intenta enseñarnos algo sobre la verdad de nosotros mismos –sobre nuestro ser inmortal–, si estamos dispuestos a estar presentes para esa revelación.

A pesar de estar en descomposición, ese árbol, que mezcla su fuerza y materia anteriores con la tierra, no representa su propio final. *Es el final de la forma que tuvo alguna vez.* Todo lo que en algún tiempo constituyó su naturaleza se vuelve ahora parte del pasto; a su vez, ese pasto se vuelve parte del suelo, y ese suelo enriquecido se convierte en parte del siguiente árbol. El significado de esta revelación se integra con un hecho que acaba con el temor: *la muerte no es el final de la vida.*

Sin embargo, en el caso de nosotros, parece como si nuestra vida llegara una y otra vez a un fin prematuro. Todos conocemos esa terrible sensación de "Oh, no… ¡mi vida está acabada!". La verdad sea dicha, ¡ese tipo de experiencia está tan vieja y gastada que *es* la que debería haber muerto hace mucho tiempo!

Todos morimos mil muertes y, sin embargo, seguimos aquí, teniendo esperanzas en la vida, pero temiendo lo que consideramos que trae consigo: la aparición de algún momento desagradable que se acompaña de una inevitable sensación de pérdida. Esta es la máxima ilusión.

La vida real sirve sin cesar a los vivos. Y también debe cambiar en forma constante para lograrlo. Pero ¿a qué estamos sirviendo nosotros cuando nuestro corazón y mente son tan estériles como un árbol en invierno, y lo único que sabemos hacer en esos momentos es volvernos contra nosotros mismos por no ser lo que imaginábamos que debíamos ser?

Es más, ¿a qué estamos sirviendo cuando cualquier relación que nos define parece traicionarnos, dejándonos solos con un sufrimiento que, para poder tolerarlo, nos conduce a adjudicar la culpa a los demás?

En esos momentos servimos a un orden inferior del ser que cree que su mera existencia depende de algo que está fuera de sí mismo... de modo que formamos un contrato con un ámbito del ser *que cree que termina* cuando aquello con lo que se identifica presenta un cambio, *como ocurre con todas las cosas.*

Ningún cambio en la vida señala el final del ser inmortal que, transformado de nuevo, asume una nueva forma.

LECCIÓN CLAVE

Esta es una ley eterna: todo se vuelve algo más. La vida real es transformación incesante que se expresa a través de formas infinitas. Pero dentro de nosotros vive una semilla durmiente de un ser celestial que es la única que puede ver —a pesar de todas las pruebas de lo contrario— que en realidad nada cambia.

El espectáculo continúa

No es posible decirlo demasiadas veces: tienes todas las razones para sentirte estimulado por la vida. Simplemente mira alrededor. La divinidad se muestra en todas partes y en todas las cosas que vemos, al señalar que no existe la muerte. ¿En dónde puedes ver el final de cualquier cosa, aparte de la simple desaparición de alguna forma individual? La rama aparentemente inerte, yerma por obra de un invierno pasado, se convierte en la reluciente protagonista de cada nueva primavera.

La vida es el escenario… y la muerte es sólo un personaje necesario, cuya presencia añade la tensión y el suspenso que requiere el público espectador.

Y sí, por supuesto, como debe ocurrir a su debido tiempo en cualquier obra de teatro, se cierra el telón para indicar el final de un acto. Pero del mismo modo que el telón que baja no significa el final del teatro, también puede decirse que el tránsito de la vida no marca su desaparición.

¡El espectáculo continúa!

LECCIÓN CLAVE

A través del amor superamos la muerte, porque la muerte es un acto del amor, no su final.

Haz lo que te corresponde en el plan divino

Existe gran incertidumbre alrededor de toda la idea de la autorrealización. En lo que se refiere a la posibilidad de estar en una relación consciente con lo divino –de descubrir tu ser inmortal– lo que todo el mundo quiere conocer es el "cómo". Desde esa perspectiva, parece que la confusión se reduce a esta pregunta: *¿Existe o no un plan de algún tipo? ¿Existen lecciones organizadas que se puedan seguir hasta alcanzar la libertad perpetua?*

La respuesta es no y sí. Y, al final, la única persona que logra alcanzar la verdad del ser es aquella que se esfuerce por entender algo que sólo en apariencia es una contradicción irreconciliable.

San Teófanes el Recluso decía que la gracia divina no actuará dentro de nosotros si no hacemos el esfuerzo por obtenerla, pero *también añadió* que el esfuerzo humano, por sí solo, es incapaz de producir cualquier cosa espiritualmente estable o permanente en nuestro interior. En consecuencia, agregó que el resultado divino, el logro de nuestra realización "se alcanza a través de una combinación de esfuerzo y gracia". Esto es lo que significa para quienes buscan el reino de lo divino:

El esfuerzo –cualquier tipo de "plan"– sin la gracia es inútil. La gracia que no recibe el apoyo del esfuerzo y de su humillación inherente produce ilusión. De la misma forma que debe existir una alianza entre el alma del aspirante y el espíritu intemporal que le da vida, también debe haber una unión entre sudor y sacrificio espirituales, y el fruto de lo que revela ese trabajo interior.

Para entender este requisito de la autorrealización, debe reconocerse la absoluta necesidad de un maestro y de una escuela de sabiduría que sean auténticos. Sin los nuevos discernimientos y el acceso al autoconocimiento superior que se proporciona a través de estos medios, el aspirante dispuesto no tiene herramientas viables con qué trabajar, ni tampoco recibe los recordatorios –y alientos– vitales requeridos para renovar el trabajo especializado que se necesita para adquirir la autorrealización.

Sin el espíritu que gobierna la diseminación y aplicación dirigida de estas herramientas especializadas, a la larga resultan inútiles, igual que darle un libro de cálculo a un niño que todavía juega con una regla e imagina que es un sube y baja. *Nadie encuentra el verdadero sendero superior sin una verdadera guía.* Sin embargo, por otro lado, en una dirección aparentemente opuesta a todo lo que se dijo antes, existe el siguiente hecho hermoso de la vida.

Dentro de la humilde bellota reside el "plan" que determina aquello en lo que el gran roble está destinado a convertirse; en cierto sentido, podría decirse que el roble es la bellota que alcanzó la realización, suponiendo que se le coloque en las condiciones que necesita para lograr cumplir su plan. Esto nos conduce a un hecho sumamente alentador que se relaciona con la vida en todos los reinos, ya sean superiores o inferiores: en toda semilla habita un plan de vida que se colocó en ella al momento de su creación.

Eso significa que oculta en el centro de lo que tú eres está la semilla de la autorrealización; es decir, la posibilidad de descubrir que quien eres en realidad es parte de un plan divino.

Si puedes recordar la primera vez que te enamoraste, muy seguramente no te dedicaste a preguntarle a la gente cuál era el plan. El amor mismo fue tu guía y las acciones que dictaba momento a momento fluyeron dentro y a través de ti; te las proveyó un amor que no te pedía más que tu disposición a ser su instrumento. El resto literalmente lo hiciste tú y nunca hubo una duda de cómo resultaría este amor. Ningún temor futuro oscureció tu felicidad original; te bastaba con amar y ser amado. Eso no significa que no hubiera dificultades, pero se les reconocía como una parte necesaria en el proceso de perfeccionamiento de ese amor.

Piensa en algún gran artista o maestro pasado o presente al cual admires, y luego considera de manera cuidadosa qué se requirió para que ese individuo alcanzara y luego encarnara ese don tan inmenso. Resumamos el proceso de tal perfección: amor, sudor, sacrificio, revelación y, luego, ejecución.

¿Existe un plan para la autorrealización?

La respuesta es… sí y no. Todo depende de ti.

LECCIÓN CLAVE

Cada vez que colocamos cualquier forma de
consuelo mental o físico –sea en la comida, amigos,
iconos religiosos o alguna compra insensata–
por encima de nuestra necesidad de alcanzar
la divinidad interior, podemos estar seguros del
siguiente resultado: lo único que cambiará para
nosotros en los días futuros es aquello a lo que nos
aferremos para ayudarnos a superar el momento.

La paciencia de poseer tu alma

Todo lo existente avanza y se expresa en círculos. Piensa en las estaciones del año: cada primavera está llena de excitación, con la promesa del nacimiento por venir; ante nosotros se revela la aparición de posibilidades que antes estaban en reposo. El verano trae el cumplimiento pleno de lo que la primavera ofrecía. Llegado el otoño, las fuerzas naturales se aquietan y se revierte la dirección de las energías. Al entrar el invierno, todo movimiento se detiene; todo reposa en soledad, sepultado con la última forma que tuvo antes de este ciclo. Y luego todo comienza de nuevo.

Cada vez que tenemos la bendición de poder dar una mirada a la verdad, observar su autenticidad y percibir que se agita dentro de nosotros la primera sensación cálida de sus posibilidades, en ese mismo instante se despierta en nuestra alma una semilla celestial de potencialidades. Y aunque su fructificación está todavía por venir, algo en nuestra alma percibe su abundancia; se presenta un anhelo silencioso pero fortalecedor, que se parece en mucho a lo que podríamos imaginar que es el primer esfuerzo de una semilla por brotar y sentir el contacto de la luz del sol, cuya brillantez la ha despertado.

Poco a poco, pero de manera constante –como ocurre con cualquier semilla que aún está en sus primeros días de existencia en la oscura tierra–, nos motiva lo que no sabemos, salvo por una dulce intuición de su belleza y fortaleza. Si permanecemos en un estado de tranquila receptividad, gradualmente nos damos cuenta de lo que posibilita cada uno de esos momentos seminales: el florecimiento de una nueva comprensión del ser, con toda su abundancia y paz. Y luego, como debe suceder, las fuerzas responsables de que todo alcance cumplimiento, dan paso al descanso y la reconciliación; se hace el silencio y entonces podemos reposar en una forma que será la siguiente semilla.

Todo se somete a las leyes que gobiernan y mantienen estos ciclos de vida mayores. La actividad cede el paso a la pasividad y la pasividad anuncia el regreso de la actividad; todo debe reconciliarse y luego inicia de nuevo.

Aprender a observar, reconocer y respetar estos ciclos como aspectos de nuestra propia conciencia, nos libera de identificarnos inconscientemente con lo que, de manera momentánea, pueda aparecer y desaparecer dentro de ellos. Nuestro temor al cambio cede ante el asombro del nuevo bien que han venido a anunciar. En este sentido, adquirimos la paciencia necesaria para poseer y perfeccionar nuestra alma. Encontramos un nuevo grado de libertad al darnos cuenta de que, aunque todo en la vida va y viene, la fuente de la iluminación que nos permite ser testigos de esta procesión de ciclos no tiene fin.

LECCIÓN CLAVE

La mente que se ha vaciado de sus apegos no teme a nada, mientras que la mente llena de ellos ocupa su tiempo observando con temor todo lo que le rodea.

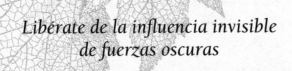

Libérate de la influencia invisible de fuerzas oscuras

Las energías oscuras que gobiernan actualmente al mundo se dedican en secreto a denigrar la calidad moral, lo cual se puede lograr lentamente por medio del desgaste, la glorificación de la imitación social y la creciente sensación de desaliento que tiene cualquiera que observa la manera en la que la promesa que representa la humanidad va cayendo poco a poco en la mediocridad.

Cada vez que cualquier gobierno en cualquier parte del mundo promueve y celebra la idea de reducir la responsabilidad del individuo, al grado en que se convierte en un ideal cultural –y su gente agradece a los poderes fácticos por reducir su propias opciones elevadas–, llega un nuevo oscurantismo que, como resultado, es la meta de esas mismas fuerzas oscuras que ayudaron a su instauración.

LECCIÓN CLAVE

Se nos ha orillado a creer de manera incorrecta que la vida nos hace el tipo de personas que somos. ¡En realidad, nuestro grado de comprensión del ser es lo que hace que la vida sea lo que es para nosotros! Esta es la razón por la que nada puede cambiar para nosotros hasta que nos demos cuenta de que tratar de cambiar alguna situación en la vida, sin primero cambiar la conciencia responsable de su aparición, ¡es como culpar al espejo de aquello que no nos gusta ver reflejado en él!

El camino fácil es el camino incorrecto

Una mañana temprano, justo cuando el sol estaba por salir y lanzaba su gentil luz a través de los barrotes de la única ventana que adornaba su celda, Armando despertó con un sonido que nunca antes había escuchado. Supo de inmediato que no venía del océano que estaba al otro lado de los muros de la prisión; el sonido de sus olas, y el viento que lo transporta hasta sus oídos, se han convertido en sus únicos amigos, aunque no puede verlos debido a la altura de la ventana de su celda. Su mente se aceleró; una débil sonrisa apareció sobre su cara al pensar que debía de estarse volviendo loco. Pero lo escuchó de nuevo, sólo que con mayor intensidad; no quedaba la menor duda: era un sonido evidente de rasguños que atravesaban el duro suelo de tierra de su mazmorra.

Un instante después, el piso junto a la pared contraria a la ventana comenzó a moverse y, un segundo más tarde, se abrió por completo y por el orificio apareció una cabeza, con cabello largo y barba.

Antes de que Armando pudiera decir una palabra, el hombre le indicó a señas que callara y le dijo:

123

–Silencio. No temas. Me llamo Edmundo. ¡Tengo muchas cosas que explicarte y no tenemos tiempo! Soy uno de los varios prisioneros políticos que vivimos aquí y desde hace más de dos años hemos estado cavando un túnel para escapar. Al otro lado del muro de tu celda se encuentra el mar y nuestra salida de este infierno.

Se detuvo lo suficiente en su discurso como para comprobar que Armando estuviera comprendiendo lo que le decía.

–Hemos llegado tan lejos como hemos podido sin que nos atrapen y ahora te corresponde a ti. ¿Me entiendes?

Armando negó con la cabeza, pero Edmundo prosiguió de todos modos.

–Escúchame con cuidado si quieres salir vivo de este lugar. Esto es lo que falta por hacer.

Sacudiéndose la tierra que tenía en el pelo, Edmundo emergió un poco más del agujero en el que estaba parado, levantó el brazo y señaló con el dedo hacia la pared en la celda de Armando en donde estaba la ventana.

–¡Cava dos metros, en dirección este, y a menos de dos metros de ese punto se encuentra la libertad para todos nosotros!

–Sí… ¡lo haré! –respondió Armando–. Lo que sea por ver de nuevo a mis amigos y a mi familia.

A lo cual Edmundo respondió:

–Fantástico. En la siguiente luna nueva regresaré a ver cómo vas o más pronto si es posible.

Un tiempo después, de nuevo justo antes del amanecer, Edmundo asomó la cabeza por el piso de la celda de Armando y, comunicándose sólo con la mirada, le preguntó cuál era su progreso. Armando le lanzó una amplia sonrisa y dijo con gran orgullo:

–¡Ya terminé!

Edmundo exclamó en voz baja:

–Por todos los cielos, ¡eso fue rápido! –Y sin perder ni un instante, salió del agujero, corrió al otro lado de la celda y se lanzó a la entrada del nuevo túnel que le había pedido cavar a Armando. Menos de cinco minutos después, Edmundo salió de nuevo por el hoyo con una mirada de absoluto terror en la cara.

–Por Dios santo, ¿qué has hecho?

Armando miró a Edmundo, preguntándose cuál era su problema y un tanto asombrado por su reacción negativa.

–¿A qué te refieres? ¿Qué cosa está mal?

–¿Recuerdas lo que discutimos, lo que te dije que hicieras? *¿Lo recuerdas?*

Sin esperar respuesta, Edmundo prosiguió:

–Te dije que cavaras en dirección al océano. ¡El túnel que cavaste llega directo al centro del patio de la prisión!

Armando simplemente lo miró por un momento y respondió, como si eso tuviera todo el sentido del mundo:

–Sí, lo sé, pero *cavar en esa dirección fue más fácil.*

LECCIÓN CLAVE

Esta es la razón por la que es tan importante hacer siempre un esfuerzo adicional –hacer lo que no quieres o sientes que no puedes– en lo que se refiere al trabajo para lograr la libertad: no existe otra manera en la que establezcas contacto con y que luego puedas recurrir al recurso ilimitado que mora en tu interior, y que sólo se revelará después de que hayas agotado tus propios recursos.

Ingresa a lo desconocido

En la vida de todos los que aspiran a alcanzar una relación consciente con la divinidad hay un momento en que su viaje llega a lo que parece un completo punto muerto.

Estos encuentros indeseables representan etapas separadas a lo largo del sendero interior. En verdad existen puntos de partida que provienen de ciertas revelaciones y que conducen directamente a esos momentos. No obstante, su resultado inevitable siempre es el mismo: quien ha emprendido una búsqueda espiritual pierde la fe en "las cosas vistas". Ya no puede creer en el cielo que ha de venir –según lo puede alcanzar con sus propios esfuerzos– ni tampoco puede seguir teniendo fe en sus propios "poderes", que una y otra vez han resultado impotentes. En medio de esta niebla se muestra lo que parece un callejón sin salida en términos espirituales y es entonces que se instaura la oscura noche del alma, repleta de una total sensación de vaciedad.

De hecho, esos momentos indeseables son un portal hacia la divinidad; cada uno señala una entrada secreta al ser inmortal –un umbral al que pocos llegan y que aún menos se atreven a cruzar–.

Después de todo, cuando se llega al punto donde la senda elegida carece de sentido, ¿a dónde podemos ir? No existe ningún camino frente a nosotros; la senda conocida se ha agotado, porque no hay nada adelante, más que el vacío. Aún más evidente es que detrás de nosotros no queda nada de valor. No hay forma de dar marcha atrás. ¡Nuestro corazón está yermo; la mente es estéril, además de los pensamientos negativos que saltan de ella y que hábilmente apuntan su dedo acusador!

El verdadero aspirante no tiene más opción sino aguardar en lo que parece ser un páramo espiritual. Recibe el embate por partida doble y sin consuelo, porque está tanto en la pobreza como ante la paradoja de saber que no existe nada que pueda hacer para cambiar su situación. No obstante, también sabe que esta nueva comprensión del ser es el fruto de *¡todas las revelaciones que lo condujeron hasta ese punto!* De alguna manera está donde se supone que debe estar; es decir, si desea aprender las lecciones que allí le esperan.

Al momento de aceptar su ceguera, se abren sus ojos interiores. Ahora ve que independientemente de cuán oscuro o vacío pueda parecer en principio cualquier momento determinado, su única finalidad es anunciar la luz divina que necesita para poder ver el camino de regreso a casa para llegar a la divinidad.

De este modo, al hacer acopio de una voluntad que no es suya, ingresa a lo desconocido.

LECCIÓN CLAVE

Sin importar el nombre que puedas darle, sólo existe
un viaje para llegar al ser inmortal: es el recorrido
que se emprende a través de uno mismo.

Recupera estos dos tesoros espirituales

En esta vida, sólo recibimos dos cosas que son únicamente para nuestro uso personal: la atención y el tiempo.

Atención

Cuando prestamos atención a algo, eso nos ayuda a alcanzar –a través de esa relación– cierto atributo o carácter dentro de nosotros mismos del cual no estábamos conscientes apenas un momento antes.

Por ejemplo, si prestas atención a lo profundo que es el cielo nocturno tachonado de estrellas que tienes sobre tu cabeza, al instante adquieres conciencia de una intemporalidad correspondiente dentro de ti. Las profundidades de un infinito cielo nocturno sirven para revelarte ante ti mismo; ese es su propósito espiritual.

Así damos una mirada al significado interior de la fascinante idea de que todo es según el color del cristal con que se mira. La mirada y el cristal a través del cual se observa se reflejan uno al otro, lo cual valida otro antiguo axioma: el observador se convierte en objeto de observación. Esta comprensión explica, en parte, la razón por la que las tradiciones orientales destacan pulir el espejo del corazón. Mientras más puro es el corazón, más perfecto es el reflejo del amor.

Tiempo

En este mundo en el que transcurre el tiempo, nos dejamos llevar por un río de relaciones que cambian de manera incesante y que provienen de la influencia de fuerzas en constante convergencia que están más allá de nuestro control. Sin embargo, todas y cada una de estas relaciones contienen la promesa o la posibilidad de una nueva revelación y, como hemos visto, cada revelación refleja algún aspecto del propio ser inmortal.

Al permanecer en la corriente del tiempo –al observar la manera en que sus aguas se llevan todo lo que tocan, incluyendo nuestros días sobre la Tierra–, es cómo aparece dentro de nosotros una verdadera necesidad de conocer aquello que es intemporal.

Este anhelo nuevo e interior, junto con las revelaciones que han ayudado a que nazca este despertar, cambian las cosas que valoramos. Nuestro tiempo sobre la Tierra adquiere nuevo significado y propósito, porque ahora buscamos un orden totalmente nuevo del ser que nunca podrán quitarnos ni robarnos.

Por desgracia, la mayoría desperdiciamos el regalo del tiempo y la atención. En lugar de aprender a adquirir el dominio de nuestra atención, que es lo mismo que utilizar nuestro tiempo para su propósito más elevado –la realización de nuestro ser inmortal–, lo cedemos a casi cualquier cosa que flote hacia nosotros por el río del tiempo.

Bien sea que nos esforcemos por "lograr" que las cosas sucedan o que esperemos que llegue el cambio, y sin importar cómo abordemos la vida, nunca cesa de ocurrir algo en qué pensar o algún suceso que nos estimule. Luego consideramos que esa relación momentánea –y la sensación pasajera del ser que produce en nosotros– es la "vida". Sí, por supuesto, este *es* un aspecto de la vida y todos lo tenemos… hasta que nos damos cuenta, a menudo demasiado tarde, de que desde siempre nos ha engañado.

Nacer en este mundo de tiempo transitorio no es opcional, pero sí tenemos la opción de decidir si permaneceremos cautivos de sus temores y penas inherentes.

Invita a la luz de tu anhelo de lo que es perdurable a que te demuestre la futilidad de servir al tiempo pasajero. Estás en la Tierra para alcanzar un propósito completamente diferente para tu vida: un propósito hermoso, noble y de expiación. Pero sólo existe una forma en que se te revele esta vocación superior: a cada momento debes prestar atención.

Permanece despierto. Permanece en tu cuerpo. No permitas que tu mente te arrastre, al hablarte constantemente y decirte el significado de lo que ves. Aprende a dominar tu atención. A su vez, esta te enseñará el verdadero propósito y el uso apropiado de tu tiempo en esta Tierra. Domina el tiempo y la atención, y te colocarás a la puerta de la divinidad. Crúzala y contemplarás tu ser inmortal.

LECCIÓN CLAVE

Hacemos preparativos detallados para un solo día libre, realizamos cuidadosos planes para una cena y pasamos incontables momentos preocupándonos de qué ropa nos pondremos, pero es infrecuente que algunos de nosotros nos tomemos el tiempo que necesitamos para preparar nuestra vida interior, a fin de que reciba las impresiones que dan sustancia y significado a nuestra alma.

Llévanos de la irrealidad a la realidad

Bill y Mike son muy buenos vecinos. Su amistad se basa en la barbacoa ocasional en familia y los juegos anuales de campeonato de futbol americano, cuando Mike va a casa de Bill para ver el juego en su televisor de pantalla grande.

Una mañana, al mirar por la ventana de su sala, Mike nota que Bill, su esposa y sus hijos se levantaron temprano para colocar una serie de mesas en la entrada de la cochera. Bill está sacando cajas de allí, mientras que el resto de su familia amontona sobre las mesas el contenido de estas, que abarca cualquier cosa que pueda imaginarse.

"Debe de ser una venta de garaje", pensó Mike, y antes de darse cuenta ya estaba yendo a la cochera de sus vecinos a examinar todo lo que tenían en exhibición. Entonces vio algo que realmente deseaba, pero no podía entender por qué Bill lo estaría vendiendo. Después de todo, alguna vez se lo había pedido prestado y Bill le había respondido: "¡Claro, solo déjame tu licencia de conducir y un depósito de cincuenta dólares!". Mike sabía que, en realidad, Bill no estaba bromeando.

Aún así, justo enfrente de él estaba un ejemplar absolutamente hermoso de un libro con ilustraciones titulado *El sorprendente azulejo silvestre de Estados Unidos*. Tanto él como Bill eran aficionados a la observación de aves y esta edición limitada y muy cotizada era algo que cualquiera que amara a los azulejos estaría orgulloso de poseer. Le vino la idea de que tal vez Bill se había equivocado y que debería avisarle. Pero, pensándolo bien, a caballo regalado no se le mira colmillo. Un minuto después, con el libro entre las manos, se acercó a saludar a Bill.

—¿Qué tal, amigo? ¿Qué cuentas?

—Mike, qué gusto verte; pues no mucho… simplemente me deshago de algunas cosas que ya no necesito. ¿Cómo va tu vida? ¿Todos están bien en casa?

—Claro, ya sabes cómo es el asunto. ¿Te importa si te hago una pregunta?

—Dime.

De atrás de su espalda, en donde más o menos lo había ocultado, Mike sacó el enorme libro sobre los azulejos y se lo mostró a Bill.

—Pensé que te encantaba este libro y que era una de tus cosas favoritas en este mundo.

Mike esperó a ver la expresión de Bill, suponiendo que una fuerte reacción al hecho de que él tuviera el libro entre sus manos significaba que lo había puesto en venta por accidente. Pero nada… Bill continuó sonriendo.

Así que Mike prosiguió:

—Me refiero a que la última vez —hace un par de meses, si no me equivoco— en que te lo pedí prestado me dijiste algo como: "¡Claro, pero tendrás que dejar un depósito!".

Bill soltó una carcajada, aunque un poco avergonzado.

–Sí, qué pena me da, Mike. Pero tienes razón. Ese libro siempre ha sido muy importante para mí.

–Entonces, ¿qué pasó, si no te molesta la pregunta?

Bill suspiró profundamente, como si estuviera considerando qué decir después:

–Bueno, los chicos y yo al fin logramos construir una hermosa casita para los azulejos; ya sabes, del tipo en el que puedes ver en el interior sin molestar a las aves. Y ahora –una sonrisa cálida y muy grande iluminó su cara– pues, ¡tengo el orgullo de decir que contamos con una familia de azulejos que anidó justo afuera de la ventana de mi sala!

Vaya, eso es fabuloso, Bill…, me alegro por ti. Debes de estar muy entusiasmado. Pero ¿eso qué tiene que ver con vender tu libro favorito sobre esos pájaros?

–¿No te das cuenta, Mike? Ya no tiene ninguna utilidad para mí.

Mike miró directamente a los ojos de Bill, intentando averiguar qué estaba tratando de decir entre líneas.

–No, Bill…, para ser franco, no entiendo. Explícame por favor.

–Piénsalo un momento…, ya no necesito un libro de fotografías. *Ahora los puedo ver en el mundo real.*

LECCIÓN CLAVE

La vida real nunca deja de empezar de nuevo, pero antes de poder habitar esta novedad –y de conocer su libertad sin restricciones– primero debemos desprendernos de todos los apegos del pasado que producen un doloroso sentido del ser.

La inesperada bendición de un agravio

E l único agradecimiento que puedes esperar de aquellos que te ven elegir la posibilidad de servir a algo más elevado que tus propios intereses centrados en ti mismo –lo cual incluye ya no facilitarles las cosas ni someterte al servicio de su autoimagen inflada– es su acusación de que has cometido una injusticia contra ellos. Y, por norma, después de tales afirmaciones –como el polvo lo hace con el viento que lo agita por el aire– llega la demanda de que justifiques tus actos o que te consideres culpable de haberte puesto en su contra.

Si quieres ver la verdadera naturaleza detrás de esas amenazas apenas veladas, tan solo niégate tranquilamente a explicar tus decisiones cuando los otros sugieran que de algún modo estás siendo deshonesto. Aunque no lo parecerá al principio, tu recompensa será observar cómo se les borra la sonrisa de la cara –al no ser capaces de sostener su disfraz de fingimiento– y podrás ver, en lugar de ello, a un "ser" oscuro, temeroso y miserable que no puede más que despreciar a cualquier cosa o persona que se atreva a demostrárselo.

La bendición de sufrir un agravio –cuando observas la desesperación y miseria de tu acusador– es la liberación espiritual que sólo puede llegar con la claridad de ver a la persona que ya no puedes ser y aquello a lo que ya no puedes seguir esclavizado.

LECCIÓN CLAVE

Al final de cuentas, lo que importa no es si el mundo –o cualquiera de sus habitantes– nos ama o aprueba; lo que importa es lo que nosotros amamos, porque eso es lo que determina el curso verdadero y final de nuestras vidas.

La honradez es la mejor política

Si existe una característica o elemento esencial necesario para asegurar el éxito de quienes buscan el ser inmortal, esa es la honradez con uno mismo. Sin una verdadera plenitud –de adentro hacia fuera– es imposible que el espirante llegue a una relación consciente y viviente con la divinidad en su interior.

Esa es la razón por la que, en lo que se refiere a la vida, nuestras relaciones con los demás y nuestra relación con nosotros mismos, la honradez siempre es la mejor política. Por desgracia, parece que en nuestros tiempos la honradez ha pasado de moda. En una época de actos de egoísmo socialmente glorificados, esta cualidad se considera más como un impedimento para la propia felicidad que como algo que debe respetarse como senda para lograr convertirse en un ser humano verdaderamente exitoso.

Pero ¿qué es precisamente la "honradez"? ¿Qué significa y qué tiene que ver con honrar las propias aspiraciones más profundas y elevadas en esta vida?

En el *Diccionario americano* Webster *de la lengua inglesa* (*circa* 1828) se dice que la honradez es la "rectitud moral" y la "integridad para obrar".

La rectitud se define como "literalmente derechura, pero no en las cosas materiales; conformidad precisa con la verdad, con las reglas prescritas en la ley, ya sea divina o humana".

Debe señalarse que en todos los escritos sagrados de todo el mundo encontraremos alguna declaración que sigue más o menos el mismo sentido que refiere Mateo en el Nuevo Testamento: "Porque estrecha es la puerta, y angosto el camino que lleva a la vida, y pocos son los que la hallan".

Y también existe aquella vieja expresión de los días de ayer, cuando alguien pide que se le diga la verdad de su situación: "¡Te pido que seas derecho conmigo, amigo!". En otras palabras: "Dime la realidad de mi situación; necesito que seas *real* conmigo".

Lo siguiente podría resultar obvio, pero en apariencia no lo es: las imágenes halagadoras que tenemos y guardamos de nosotros mismos no son honradas. Sí, parecen suficientemente reales para la parte de nosotros que está dormida. Pero esa parte durmiente del ser existe sólo en el mundo de la imaginación; como tal, nunca podrá transformarse o transfigurarse de cualquier modo significativo. Nada real la toca y esa parte tampoco toca otra cosa más que la interminable sarta de pensamientos que le proporcionan su sentido falso de la vida. Veamos un ejemplo para entender mejor esta última idea.

Imagina que un estanque que se alimenta de un riachuelo súbitamente queda separado de la corriente de agua vital que lo creó. Durante un tiempo rebosa de vida, pero su destino, junto con el de todo lo que ha conseguido vivir dentro de él, es que se secará y dejará de existir. Si el pequeño estanque continuara conectado con el flujo de la corriente, seguiría renovándose y alimentándose por el subir y bajar de esas aguas; los cambios dentro de él ocurrirían en forma natural y sin esfuerzo, porque una fuente de vida mayor que él mismo actuaría sobre él.

De manera muy similar, nuestro propósito es renovarnos; tenemos la capacidad de establecer una relación consciente con las energías celestiales cuyo flujo crea, revela, aviva y sostiene todo lo que tocan. Piensa en la honradez contigo mismo como una de las formas principales en que podemos alinearnos con estas "aguas" eternas. Vernos tal y como somos renueva nuestro deseo divino de unificarnos con aquello que es incorruptible –un deseo que se fortalece cada vez que nos descubrimos dando una imagen de nosotros mismos que sabemos que es falsa, ventajosa o simplemente engañosa.

Por otro lado, cada vez que rehusamos o negamos de otro modo la verdad sobre nosotros mismos –en cada ocasión que ocultamos aquello que sabemos que vive en nuestro interior–, en efecto nos distanciamos del constante arroyo de la vida real. Nuestra tarea específica y nuestro verdadero propósito en la vida es colocarnos bajo la luz de estas energías divinas y recibir con gusto todo lo que revelen. Son únicamente ellas las que tienen el poder de transfigurar y liberar la conciencia hacia la cual manan.

Casi todos conocemos estas palabras atemporales: "Entonces conocerás la verdad y la verdad te hará libre". Quizás ahora las comprendamos un poco mejor y aprendamos a recibir esa pequeña luz dentro de nosotros, para que nos enseñe el camino recto y verdadero de regreso a nuestro ser inmortal.

LECCIÓN CLAVE

La honradez sana; las mentiras hieren. En estas palabras se encuentra todo lo que necesitamos saber y practicar; es decir, suponiendo que desees volverte íntegro, sereno, amante y veraz.

Ve más allá de esa oscura atracción

Un padre y sus dos hijos pequeños iban a visitar a unos familiares en un sitio al norte del estado, cuando al pasar vieron que había una pequeña feria ambulante justo al lado de la carretera. De inmediato, los chicos empezaron a rogar a su padre que se estacionara, les comprara algo de comer y tal vez subieran a algunos de los juegos mecánicos, simplemente para romper con la monotonía del largo viaje por carretera. El padre estaba bastante cansado después de cuatro horas de conducir, así que les dijo:

–¡Claro, eso suena divertido! –Después de unas cuantas exclamaciones de felicidad, y diez minutos más tarde, estaban en la entrada del "Gran Espectáculo".

Lo primero que llamó la atención del padre fue que frente a una de las atracciones estaba casi la mitad de todos los asistentes de ese sábado, formada en fila para entrar. En el resto de las atracciones había, cuando mucho, unas cuantas personas.

Mientras caminaban por el lugar, disfrutando de algunos refrigerios y subiendo a un par de los juegos mecánicos, el padre no podía dejar de preguntarse por qué esa atracción en particular –que parecía la clásica casa de los espejos– era más popular que todo lo demás; en su mente no había forma de explicarlo. Pero al ver que la fila seguía tan larga como cuando llegaron, decidió dejar la pregunta sin respuesta.

Luego de haber comido la última manzana acaramelada y de beber un poco de limonada "casera", todos se dirigieron de regreso al auto para concluir el resto de su viaje. Pero en el preciso momento en que salían, el padre vio que un hombre inusualmente alto y de piel oscura estaba gritándole órdenes a unos cuantos de los ayudantes de la feria que estaban cerca de la salida. Estaba bastante seguro de que debía de ser el dueño, así que un momento después, llevando a los niños con él, se le acercó para saludarlo. Luego de las presentaciones de rigor, decidió preguntar lo que había tenido en mente desde su llegada a la feria.

–Me pregunto si no le importaría responderme una pequeña duda que tengo sobre una de sus atracciones.

El hombre tan sólo asintió, así que el padre prosiguió:

–Esa atracción que está allá –señaló la casa de los espejos– es cuando menos tres veces más popular que cualquiera que tengan aquí. De hecho, todavía hay gente que está llegando a ella. ¿De qué se trata? No quiero ofenderlo, pero una casa de los espejos es simplemente eso, ¿no es cierto?

El dueño de la feria ambulante le devolvió la sonrisa.

–No, *no en este caso* –dijo con absoluta confianza–. Verá usted, antes de retirarme y comprar esta feria ambulante, era un electricista titulado que también me las daba un poco de inventor. En cualquier caso, un día en el que estaba haciendo mis experimentos, encontré una manera, por medio de pequeños impulsos electrostáticos, de

cambiar la superficie reflejante de cada uno de los espejos de la casa.
–Se detuvo sólo un instante para darle oportunidad a su interlocutor de absorber lo novedoso de esa idea.

–El caso es que –prosiguió– esos impulsos con baja carga de energía se activan cada tres a siete segundos y, cuando eso sucede, la superficie del espejo a la que están conectados cambia al instante lo que sea que se refleje en ella. –De nuevo se detuvo, sonriendo aparentemente ante su propio ingenio.

–De modo que –continuó– lo que sucede con cada uno de estos microimpulsos aleatorios es que la persona frente al espejo se ve de pronto de una manera completamente nueva; tiene otra figura y un rostro diferente, que nunca es idéntico dos veces seguidas. –El dueño volvió a sonreír para sí mismo, como si sólo él supiera cuál era la gracia y no lo estuviera diciendo.

Después de tomarse un momento para entender lo que se le acababa de decir, el padre señaló:

–Bueno, supongo que eso hace que *su* casa de los espejos no se parezca a ninguna otra, pero –y luego, meditando cuidadosamente en lo que diría para no parecer grosero o, peor aún, estúpido, continuó– para serle totalmente franco, sigo sin entender. ¿Qué tienen de especial unos espejos que cambian constantemente la imagen que reflejan? ¿Qué atractivo puede tener eso?

La respuesta que salió de la boca del dueño de la feria fue tan asombrosa por su sencillez como por su absoluta veracidad, como tristemente lo sabía el padre:

–La gente nunca se cansa de verse a sí misma.

LECCIÓN CLAVE

Ningún reflejo es real. Si una imagen pudiera
satisfacer el deseo que la creó, entonces una
fotografía de comida aplacaría el dolor del hambre
y dibujar una sonrisa en la propia imagen ante el
espejo aliviaría cualquier amargura en el corazón.

Encuentra una libertad perdurable en la quietud espiritual

Todos los santos, sabios y seres iluminados están de acuerdo con este concepto: nada es tan innegable como el silencio, la quietud y la soledad para entrar en contacto con la divinidad en tu interior.

El primer paso para aprender a permanecer quieto no tiene que ver en absoluto con una acción, lo cual significa que no se parece en nada a lo que pensaríamos comúnmente en hacer cuando queremos que nuestro mundo deje de girar como un trompo. Permanecer quieto comienza con tener una tranquila conciencia de que cualquier cosa que parezca revolotear alrededor de ti es, en realidad, tan sólo un reflejo del mundo de reacciones invisibles dentro de ti. Aquí es donde nos topamos con una de las reglas cardinales de alcanzar la conciencia superior. Si recuerdas este mandato eterno, nunca sentirás que no tienes una explicación de por qué cualquier momento en tu vida aparece ante ti como lo hace, o lo que harás acerca de ello:

Lo interno determina lo externo.

En estas cinco breves palabras se encuentra todo el poder que necesitas para trascender cualquier experiencia indeseable en tu vida, iniciando con esta comprensión: lo que recibimos de cada momento en la vida es inseparable de nuestra percepción de ello.

Para ayudarte a aclarar esta última idea, imagina a un hombre que se queja con un amigo de que todo su día ha sido oscuro y gris, y de pronto alguien le recuerda que lleva lentes oscuros. Una vez que se percata de que los lentes oscuros afectan en forma negativa su sentido de sí mismo, se los quita. Ahora ve la luz, en todos los sentidos de la palabra. Comprende que antes de que pudiera alterar su experiencia sombría de ese día, primero tenía que cambiar lo que provocaba que lo viera de esa forma. Cualquier otra acción no sólo estaba condenada al fracaso, sino que únicamente serviría para alejarlo de manera progresiva de la única concienciación que podría liberarlo. Lo cual nos lleva a la siguiente regla cardinal:

No hay nada que hacer, sólo algo que ver.

Las reacciones a ciegas que se basan en una comprensión incompleta de tus circunstancias siembran las semillas de otros momentos desagradables que aún están por venir. Todo lo que "haces" en este sentido sólo sirve para crear más de la misma alteración que te has propuesto silenciar en ti mismo. Eso siempre ocurre porque la resistencia a cualquier alteración dentro de ti mismo garantiza su repetición.

Podría parecer que para escapar de una mente ruidosa deberías establecer una verdadera distancia entre ti mismo y toda esa alharaca mental, pero esta es la razón por la que este tipo de acciones nunca resuelven el problema. Sólo una mente ruidosa quiere escapar de sí misma, algo que nunca podría hacer, del mismo modo que la punta de un lápiz no puede escapar del borrador que está en su otro extremo ¡porque teme que está tratando de borrarla!

Piénsalo por un momento: ¿el silencio teme cualquier ruido o sólo lo deja pasar sin perturbarlo? Esto significa que cualquier deseo frenético de lograr la quietud debe pertenecer a una parte inferior de tu naturaleza que ya está perturbada, ¡aquella parte que trata de ocultar su dolor enviándote a ti a buscar la paz! Ahora sabes la verdad.

No existe nada que debas hacer ante cualquier cosa que te atemorice, más que aceptar estar quieto y verla. Este grado de la conciencia tiene su propio poder; lo único que tienes que hacer es colocarte en donde esta luz de vida pueda actuar por ti y sobre ti. Ese es el primer paso; dalo y luego sé testigo de cómo la divinidad realiza el siguiente paso por ti. Obsérvalo para probar –una y otra vez– que no existe nada que puedas aportar a su quietud que sea mayor que su capacidad para transformarla y trascenderla al instante y de una vez por todas.

LECCIÓN CLAVE

Tu verdadero ser es un silencio creativo, una base de perfecta quietud a partir de la cual aparecen todas las perturbaciones, para después volver allí si se les deja en paz. Mientras más obvia se vuelva esta revelación, más confianza tendrás en que alcanzar la quietud es lo mismo que el poder para resolver cualquier problema antes de que comience.

El orgullo precede a la caída

Ya era muy noche cuando Tim iba caminando a casa después de una pequeña cena para celebrar su segundo ascenso en menos de un año. Al cruzar por un oscuro callejón, se asomó para asegurarse de que no hubiera ningún peligro y entonces se percató de un hombre que estaba sentado en el suelo, con la espalda reclinada sobre una pared de ladrillos.

No era la primera vez en que Tim veía lo que consideraba un ejemplo de la miseria humana y supo que no sería la última. Le dolió el corazón por ese pobre tipo, aunque lo hizo sentirse incluso más agradecido de su propia buena fortuna en la vida. Sin embargo, al seguir con su camino, se dio cuenta de que algo indefinido lo estaba molestando y que intentaba captar su atención. En el curso de los siguientes diez pasos tomó conciencia de lo que lo estaba perturbando. Al principio pensó para sí mismo: "No, eso no puede ser…", pero cuando su mente se enfocó en la imagen del hombre en el callejón, se volvió evidente que tenía que regresar. Aunque parecía sumamente improbable, tenía la absoluta certeza de conocer a ese desafortunado hombre.

Al desandar sus pasos, su mente empezó a evocar imágenes claras, instantáneas personales del año anterior que había almacenado al fondo de su memoria. Tanto él como el hombre que creyó reconocer, llamado Saúl, trabajaban para la misma corporación importante. Estaban en constante estado de competencia; a decir verdad, era una verdadera guerra por ver quién ascendería primero al puesto de socio minoritario en la empresa. Sabía que, si tuviera oportunidad, Saúl estaría dispuesto a pasarle por encima a la menor provocación. Pero lo que más le molestaba era que Saúl no tenía la mínima capacidad de arrepentimiento. Aunque lo atraparan haciendo algo turbio para conseguir una ventaja, no mostraba ningún remordimiento.

Su soberbia no tenía límites, hasta el momento en que a Tim lo seleccionaron para el puesto. Podía recordar la mirada de odio en el rostro de Saúl y la manera en la que, apenas un instante después, Saúl empezó a lanzar insultos contra todos los que estaban reunidos para ese anuncio, incluyendo al director general, que lo despidió en ese mismo momento.

Tim se dio cuenta de que no había pensado mucho en Saúl durante los últimos doce meses y esperaba que no fuera él quien estuviera sentado en el callejón.

Cuando Tim estuvo más cerca, pudo ver en la tenue luz de una lámpara de seguridad que, de hecho, sí era Saúl. Su ropa estaba asquerosa, tenía la barba larga y los ojos amarillentos, casi del color del oscuro ladrillo sobre el cual estaba recargado.

—Dios mío, Saúl, ¿eres tú?

Saúl levantó la cabeza para mirar a Tim y simplemente negó con la cabeza.

—Déjame que te ayude a levantarte. Vamos, sé que podemos arreglar la situación.

Una mueca de rabia cruzó el rostro de Saúl, como algo que se vería en un animal acorralado.

—Déjame en paz; ¡todo estaba bien hasta que llegaste aquí! —espetó.

Tim ignoró el comentario y preguntó:

—¿Qué te pasó? ¿Cómo es posible que hayas terminado así?

La actitud de Saúl se ablandó por un momento, pero con la misma rapidez la sustituyó una aspereza que sorprendió a Tim al grado de hacer que diera un paso hacia atrás.

Con sarcasmo que brotaba de sus labios, Saúl le preguntó:

—¿Quieres saber cómo llegué aquí, "querido amigo"? ¿Eso es lo que me estás preguntando?

Casi temeroso de decir que sí, Tim se las arregló para asentir.

Saúl se reclinó contra la pared y le lanzó una mirada desafiante. Luego, con una voz llena de orgullo, le dijo:

—Lo hice *a mi* manera.

LECCIÓN CLAVE

La oscura y dolorosa excusa de la soberbia humana sólo existe por la distancia que hemos establecido respecto al misterio inmenso y divino de nuestro propio ser. Mientras más despertamos a las profundidades de ese misterio, más se percata nuestro carácter de su humildad divina original.

Libérate del temor a sentirte impotente

El verdadero "poder" espiritual no es la capacidad para imaginar y poner en práctica una serie interminable de nuevas soluciones para los viejos problemas. Más bien, es una forma radicalmente nueva y superior de comprensión del ser que ilumina y trasciende *nuestra necesidad inconsciente de tener cualquier problema doloroso*. ¿Qué preferirías tener: un camión personal de bomberos y un incendio que apagar todos los días, o una vida libre de dolorosas llamas?

La verdad es que la mayoría de nosotros pasamos gran cantidad de nuestro tiempo luchando en vano para resolver un conflicto u otro con otras personas, con el mundo o con nosotros mismos. Parte de nuestro plan en constante evolución para "ganar" estas guerras requiere que adquiramos nuevos poderes que, según imaginamos, darán fin de una vez por todas a nuestro sufrimiento. Pero la experiencia pasada demuestra que tales ejercicios resultan inútiles: ¡esa *cosa específica* que buscamos obtener para volvernos valientes, para aliviar nuestro estrés, pronto se vuelve la fuente de un nuevo temor y de nuevas presiones!

Como ocurre con un drogadicto que toma su droga preferida para liberarse del dolor cíclico de su adicción, así seguimos buscando poderes fuera de nosotros mismos para liberarnos de la impotencia ante las cosas que nos hieren. Es obvio que ninguna droga que desee el adicto lo liberará de su deseo. Lo que no es tan evidente, cuando menos no todavía, es lo siguiente: cada poder que imaginamos que nos liberará, sólo sirve para fortalecer nuestra creencia falsa de que el poder que necesitamos para ser libres se encuentra en alguna parte fuera de nosotros.

No tenemos ninguna idea del poder del que se nos ha dotado. Dentro de nosotros vive la posibilidad de alcanzar un grado de conciencia cuya libertad no tiene ninguna contingencia y que no puede desintegrarse, a pesar de que las condiciones de nuestra vida parezcan desmoronarse.

Este tipo especial de poder no tiene nada que ver con ser capaces de controlar o manipular las circunstancias fuera de nosotros. Estamos hablando de un tipo de poder totalmente diferente: la autoridad sobre nuestras propias reacciones negativas.

Considera la capacidad de poseernos a nosotros mismos como lo contrario de tratar de poseer cosas o relaciones mediante las cuales adquirimos cierto grado de seguridad. El poder de poseernos a nosotros mismos no lo puede conceder nada ni nadie fuera de nosotros. Todos los poderes mundanos son impotentes para otorgarnos aquello que, en el fondo, es lo que deseamos más que ninguna otra cosa: *estar tranquilamente a cargo de nuestro propio corazón y mente.*

La siguiente vez que te abrume la sensación de impotencia, realiza esta acción interna y observa cómo desaparece el temor: en lugar de ver aquello que tu temor te dice que es más grande que tu poder para enfrentarlo –es decir, una relación fallida, una tormenta inminente o una pérdida de algún tipo–, *observa esa parte de ti que desea que creas que eres inadecuado para enfrentar ese reto*. Luego recuerda la siguiente verdad:

> Todos los sentimientos de impotencia son proyecciones falsas de un orden atemorizado del ser que no eres tú.

El verdadero poder espiritual se encuentra en saber que ningún instante es mayor que tu derecho divino a convocar la luz que mora en tu interior y que transforma cualquier oscuridad que toque en algo brillante, verdadero y bueno para todos.

LECCIÓN CLAVE

No existe nada en el universo que nos pueda obligar a revivir un momento doloroso, en tanto elijamos vivir desde una perspectiva superior que nos permita entender que ningún viejo pensamiento oscuro tiene el poder de definirnos y, mucho menos, de arruinarnos. Sin nuestro consentimiento inconsciente, el pasado es impotente para castigarnos en el momento presente.

Interrumpe el sufrimiento inútil
antes de que comience

Si pudiera haber una sola idea –una linterna cuya luz le mostrara a quien aspira a la vida real cuál es la ruta de salida de la prisión de los pensamientos oscuros y de los sentimientos dañinos– seguramente sería esta: *tu verdadero ser no gana en la vida al dominar los problemas, sino al revelar que en realidad nunca existieron de la manera en la que alguna vez creíste que existían.*

Verdades como esta pueden ser difíciles de aceptar. Si a algunas personas se les dice que la base de su dolor mental o emocional actual es un subproducto negativo de una mente que está atrapada en una ilusión, por norma su respuesta será aferrarse con más fuerzas a su sufrimiento. Con pocas excepciones, su justificación para su dolor es la siguiente: en vista de lo que han tenido que tolerar, no existe más alternativa que el dolor. Así que antes de proseguir, pongamos las cosas en claro.

Muchas de las cosas que han sucedido y siguen sucediendo en nuestro mundo son, cuando menos, oscuras y difíciles de afrontar. No hay duda de lo siguiente: los seres humanos que están dormidos en sentido espiritual le hacen cosas terribles a los demás, al igual que a sí mismos. La compasión y su hermana mayor, la empatía, parecen haberse tomado unas largas vacaciones y el sufrimiento crece sin control. Pero la cuestión esencial en este caso para aquellos que buscan al ser que nunca muere es que, en sí mismos, los sucesos pasajeros no tienen el poder de hacernos sufrir. Las causantes son nuestras reacciones negativas que primero nos ciegan, luego nos atan y finalmente nos arrojan a un mundo de dolor.

La prueba de este hallazgo crucial de que los sucesos en sí no son el origen de nuestro sufrimiento psicológico se encuentra en los inspiradores relatos de vida de muchas personas a lo largo de la historia. En un relato tras otro, nos enteramos de la manera en que los individuos que enfrentaron situaciones insoportablemente dolorosas no sólo trascendieron las dificultades, sino que emergieron de ellas transfigurados en cierto sentido. Y lo que uno puede hacer, todos pueden hacerlo; la victoria de una sola alma sobre la oscuridad ilumina la senda de todos los demás que vienen detrás. Unas cuantas historias de la vida real ilustran esta hermosa verdad.

Hace no muchos años, un brillante atleta joven sufrió una lesión en un accidente que lo dejó paralizado. En lugar de dejarse llevar por la desesperación, se dedicó a ayudar a otros jóvenes que habían sufrido lesiones similares a que superaran sus pérdidas y llevaran vidas sanas y productivas.

En una entrevista sobre la manera en que este accidente le había cambiado la vida y cómo su pérdida lo condujo a que enriqueciera las vidas de los demás al igual que la suya, hizo algunos comentarios bastante reveladores. Le dijo al reportero que sin el accidente en el que perdió las piernas nunca hubiera abierto los ojos para ver una dimensión totalmente nueva de la vida que esperaba a que él adquiriera conciencia de ella. Su experiencia devastadora había transformado en tal medida lo que antes sabía de la vida que, si tuviera opción, no cambiaría nada de lo sucedido.

¿Cómo logró superar una situación que tiende a derrumbarnos a la mayoría? En lugar de dejarse arrastrar al abismo, estuvo de acuerdo en aprender la lección enriquecedora que se encuentra oculta detrás de todos los momentos indeseables.

Elegir el camino correcto ante este dolor le trajo recompensas inconmensurables. Por ejemplo, llegó a la conclusión, a la que debemos llegar todos los demás, de que su verdadero ser no está atado a su cuerpo físico ni a la posibilidad de vencer cualquier circunstancia desagradable. Su despertar a verdades como esta lo satisfizo de un modo que ningún trofeo hecho por el hombre pudo lograr alguna vez. Aunque ante los ojos del mundo estaba más limitado, su universo se había ampliado hasta alcanzar un nuevo sentido de libertad que estaba más allá de lo que pudo haber esperado en su estado anterior.

Un suceso devastador que pudo haber sembrado la semilla del amargo arrepentimiento y resentimiento se convirtió, en lugar de ello, en una oportunidad para ennoblecer el alma y le dio una manera totalmente nueva de ver su vida. Un viejo dicho árabe sugiere el secreto detrás de este triunfo:

> La naturaleza de la lluvia es la misma, pero
> hace crecer espinas en pantano
> y flores en los jardines.

En su inspirador libro *El hombre en busca de sentido*, Viktor Frankl describe sus experiencias como prisionero en un campo de concentración nazi. Aunque muchos se amargaron y endurecieron a causa de su cautiverio, algunos incluso trascendieron sus horribles circunstancias hasta desarrollar una relación con un poder superior. Al no estar atados a la maldad y crueldad del mundo en el que se encontraban en un sentido físico, consiguieron una comprensión espiritual que elevó sus vidas –y las de otras personas alrededor de ellos que estaban en la misma situación oscura– mucho más allá del alcance de la barbarie del hombre. Una transformación así es incomprensible en gran medida para quienes creen que su enojo contra alguna iniquidad justifica su odio. Quienes están ciegos en sentido espiritual sufren, pero siempre consideran que los demás son responsables de que sientan esa pena y ese dolor.

Tener la capacidad de considerar que *cualquier* suceso en la vida –sea bueno o malo– es un vehículo que nos ayuda a transportarnos de nuestra esfera actual de entendimiento a una superior, requiere que desarrollemos una nueva relación con los acontecimientos desagradables en nuestras vidas. *En lugar de tratar de protegernos de ellos, debemos estar dispuestos a ver lo que en ese instante nos revelan de nosotros mismos.* No es posible exagerar la diferencia entre estas dos sendas y sus posibilidades asociadas. La última conduce a una revelación de que la divinidad ya tiene un propósito superior para nuestra vida, un plan que incluye todos los poderes que necesitamos para trascender cualquier situación dolorosa, en tanto que la primera garantiza el temor y el sufrimiento que son imposibles de separar de nuestros intentos por proteger las imágenes falsas que tenemos de nosotros mismos, junto con sus propósitos falsos imaginarios.

Sí, la senda que conduce a la revelación es más difícil, pero sólo al principio. Al seguirla, se nos pide que busquemos el origen de nuestro sufrimiento dentro de nosotros, en lugar de buscarlo en aquello que nuestro sufrimiento nos dice que es la causa y que está en el exterior. ¿Por qué deberíamos elegir esta ruta? Porque únicamente a través de iluminar de modo deliberado estos rincones oscuros de nuestra conciencia –en donde nuestras partes sombrías trabajan en secreto para hacernos errar el camino– podemos dar fin a su autoridad sobre nuestra persona.

El autor Vernon Howard siempre instaba a sus alumnos a elegir la senda ascendente, a pesar de lo desafiante que pueda parecer. Sus enseñanzas en esta materia eran directas y perfectamente claras para cualquiera que estuviera harto de andar en círculos. Decía respecto de enfrentar cualquier situación difícil, incluyendo la oscuridad de nuestro interior:

Sigue la ruta fácil y perpetuarás la vida difícil;
sigue la ruta difícil y alcanzarás la vida fácil.

Aunque la colina pueda parecer demasiado empinada como para remontarla, en especial la primera vez que consideramos el ascenso, este es el primer paso que conduce a librarnos del sufrimiento inútil: *debemos empezar a dudar de nuestro propio sufrimiento*. Ante esta idea la multitud grita: "¡Imposible! ¡Un dolor tan real como el nuestro es innegable!".

Nadie está diciendo que se niegue ese dolor o que se finja que no existe. Sí, la sensación de cualquier dolor es real, pero esto es lo que debemos ver si deseamos liberarnos: todas las excusas que nos hemos impuesto –nosotros mismos– de la razón por la que debemos seguir causándonos daño son como las moscas que siguen a la basura. El único propósito que tienen es hacer que algo inútil parezca valioso; ¡la basura es basura, sin importar cómo venga envuelta!

Considera atentamente las verdades gemelas en el siguiente resumen de este estudio. Dentro de ellas se encuentra la comprensión –y el poder– que necesitas para empezar a arrojar por la puerta el sufrimiento inútil:

- La justificación de cualquier estado negativo satisface un único fin: la protección y preservación de la naturaleza responsable de su manifestación.
- Cualquier parte de nuestra naturaleza que encuentra buenas razones para justificar nuestro dolor es la fuente del dolor que justifica.

LECCIÓN CLAVE

Se nos ha hecho creer incorrectamente que la vida nos convierte en el tipo de persona que somos. En realidad, ¡nuestro grado de comprensión es lo que hace que la vida sea como es para nosotros! ¡Es por eso que nada puede cambiar en realidad hasta que nos demos cuenta de que cambiar alguna situación en la vida, sin cambiar primero la conciencia responsable de su aparición, es como culpar al espejo de aquello que no nos gusta ver en él!

La práctica hace la perfección

Katherine, una respetada pianista, se retiró para dedicarse a la enseñanza. Después de más de veinte años de tocar con la orquesta filarmónica de su ciudad, ahora ocupaba su vida en trabajar con jóvenes prodigios para que pudieran alcanzar la plenitud de los dones con los que habían nacido. Su único deseo era transmitir todo el conocimiento y habilidades que había adquirido en los muchos años como experta en su arte.

Una tarde, después del primer recital público de uno de sus alumnos más prometedores, Paul, le preguntó a este si le permitiría tener una conversación en privado. Paul aceptó y después de pasar unos momentos con sus amigos y familia para recibir sus felicitaciones, entró en la pequeña pero muy bien decorada oficina de Katherine. Ya había estado allí antes, pero por alguna razón –quizá por su tono de voz cuando le pidió hablar con él– se sintió más nervioso de lo común.

–Siéntate, por favor –dijo Katherine.

–Gracias –respondió Paul. Al decir sus siguientes palabras: "¿Qué pasó?", supo que aunque intentaban parecer informales probablemente demostraban su creciente temor de que el motivo de su reunión no era tener una conversación amigable.

–¿Cómo sentiste que te fue esta noche?

–No sé –dijo Paul, dándose cuenta por el tono de su maestra de que no le había complacido su ejecución. Para desviar la presión, añadió una respuesta bastante rápida–. Al parecer, todos pensaron que fue una buena ejecución.

Sin señal de una sonrisa en el rostro, Katherine lo miró profundamente a los ojos y dijo:

–Pero no te pregunté lo que los *demás* pensaron de tu trabajo. Te pregunté qué pensabas tú…, cuál es tu opinión… ¿Cuál es *tu* opinión de cómo tocaste la pieza que habíamos preparado?

En ese momento, Paul supo que ella sabía y se fue hundiendo un poco más en su asiento. Se había equivocado varias veces en los pasajes intermedios y eso era justo lo que había temido. Los arpegios múltiples y complejos de esa parte demandaban una proeza de habilidad que sólo era posible para los dedos más ligeros; sin esa delicadeza, se perdía el trasfondo emocional de todo ese pasaje, de modo que toda la composición sufría como consecuencia.

Con mirada avergonzada y mirándose a los pies, respondió:

–Sé que no toqué bien…, en absoluto, en los pasajes intermedios. –Luego de hacer una pausa, añadió–: Lo siento, Katherine. Realmente no quise decepcionarte.

–Te equivocas, Paul –dijo ella–. Mi decepción no tiene nada que ver con esta conversación. Lo que importa es que obviamente no ocupaste el tiempo necesario en preparar la pieza. Así que, como verás –prosiguió–, no soy yo la que salió decepcionada, sino tú.

–Pero esa pieza, esos pasajes, son *tan difíciles* –afirmó Paul mirando a su maestra, con la esperanza de obtener aunque fuera un poco de compasión, pero no la obtuvo.

–Respóndeme lo siguiente y luego te diré por qué tocar esa pieza te parece tan difícil.

–Claro, dime –contestó con voz débil.

–¿Cuánto tiempo dedicaste a practicar esas secciones? Sé sincero.

Al darse cuenta de que no tenía caso mentir, Paul respondió:

–No les concedí gran cantidad de tiempo.

Katherine enlazó su mirada con la de Paul.

–Exactamente –dijo–, y *esa es la razón* por la que son tan difíciles.

LECCIÓN CLAVE

Una vez que nos damos cuenta de que lo que provoca que un momento parezca infranqueable no es otra cosa que nuestra propia resistencia a lo que ese momento nos pide, nada sigue siendo imposible. A la larga, todo cede ante la persona que persiste.

Adquiere autoridad sobre todo aquello que sea un castigo

Cada vez que intentamos evadir cualquier cosa en nosotros mismos, se vuelve una garantía de que regresará, que es la razón por la que las cosas que tememos de la vida y de nuestro ser siempre tienden a reaparecer. Esa es la ley que gobierna esta relación: aquello que resistimos en la vida persiste, porque *¡todo a lo que te opones, crece!*

En el Nuevo Testamento, Cristo le dijo a sus discípulos: "No resistáis al mal". Pero cuando traducimos esta frase del griego de su original en el idioma arameo de la época, dice lo siguiente: "No te opongas a lo que se te oponga".

Con ese nuevo conocimiento en mente, podemos empezar a ver la sabiduría oculta en otras leyes espirituales muy conocidas, como la de "No juzguéis para que no seáis juzgados". Nuestra resistencia a los pensamientos y sentimientos oscuros no establece una distancia entre ellos y nosotros, sino que ocurre lo contrario: nuestra atención los alimenta, fortaleciendo su control sobre nosotros, lo cual explica que –al igual que cuando se cae en las arenas movedizas– mientras más luchas contra ello, más te hundes en el estado indeseable del que deseas escapar. Nada cambia en tales luchas, excepto el campo de batalla, en donde nos encontramos de nuevo bajo la bota de algún dolor recurrente. Es momento de andar por una senda totalmente nueva; un camino que aparece sólo cuando se esclarece con el siguiente conocimiento superior del ser:

Todo en el universo se creó para cambiar.

No existe nada estático; todo está bajo la influencia de una trinidad de fuerzas cuyo propósito celestial es la revelación y perfeccionamiento de todo aquello sobre lo que actúa. Justo del mismo modo, lo que avanza en sentido descendente tiene como destino asistir y ayudar a elevar lo que se mueve en sentido ascendente; su conexión es eterna, aunque esta relación invisible se revele únicamente con el transcurso del tiempo. Además, esta gran teoría de la reconciliación dinámica se aplica directamente a nuestros estados negativos. Estos también existen y se crearon *con el propósito de transformarse en algo más*.

Sin excepción, todo aquello que aparece dentro de nosotros es parte de ese hermoso proceso: la transformación y la transfiguración son la gran ley de la vida. En nuestro mundo físico, la luz del sol —en cualquiera de sus expresiones infinitas— impulsa estos cambios. Pero lo que aún nos falta por entender es que este mismo principio es válido en lo que se refiere a cualquier estado oculto que more en nuestro interior. Así que ahora, al llevar ese mismo conocimiento superior a nuestra experiencia, podemos ver cómo nos ayudará a elevarnos sobre los pensamientos y sentimientos oscuros.

Cualquier estado negativo que elegimos aclarar
ante nosotros mismos cambiará por esa misma
conciencia a la cual lo traemos.

Esta elección consciente –de esclarecer ante el propio ser lo que parece estar dominándonos– cambia nuestra relación con la matriz de la realidad. En ese momento, la vida, su luz, lucha por nosotros. No es posible desafiar su autoridad, lo cual significa que cualquier cosa que pongamos bajo su luz divina transfiere esa autoridad a nosotros. Los estados sombríos se utilizan ahora para los propósitos superiores cuya finalidad han de servir; lo cual, a su vez, cumple con nuestro verdadero propósito en la vida, que es alcanzar una plenitud y libertad cada vez mayores.

LECCIÓN CLAVE

Nada en la realidad está fijo; la ilusión de una naturaleza indeseable e inmutable dentro de ti es obra de una resistencia invisible a la incesante transformación que es la matriz de la vida real.

Encuentra paz y tranquilidad
en un mundo ensordecedor

Aunque hacía poco que había llegado a un aislado monasterio, un joven monje fue a ver al abad. Con gran prudencia le explicó que, sin importar cuánto intentara librarse del ruido, alguien o algo estaban perturbando la paz que esperaba encontrar allí.

El sabio y viejo abad lo escuchó sin decir nada. Cuando el joven monje terminó de quejarse, los dos simplemente se sentaron juntos, en silencio, durante alrededor de veinte minutos. Entonces el abad rompió el silencio.

—Hijo mío, háblame de tu mente; ¿ha estado callada mientras estuviste sentado aquí conmigo?

El joven se incomodó con la pregunta. Sabía que su mente estaba en total desorden desde el momento en que se sentó.

—No, señor, no ha estado callada, en absoluto.

—Ya veo —respondió el abad mientras cerraba los ojos. De nuevo permanecieron callados.

El silencio de la habitación se volvió muy incómodo, y antes de siquiera darse cuenta, el joven monje estaba hablando y podía escucharse defendiéndose.

–Pero, maestro, con toda seguridad mi mente encontraría la paz con mayor facilidad si no hubiera tanto ruido en este lugar, ¿no lo cree?

–Quizá, quizá… –dijo el abad–. Pero no todo es lo que parece a primera vista. Por ejemplo –sacudió su brazo en movimientos circulares, con lo cual formó una pequeña brisa fresca–, este movimiento del aire alrededor de nosotros también transmite el ruido que viene de la cocina al final del corredor. –Calló por un momento para escuchar y luego prosiguió–. ¿No escuchas el ruido de quienes preparan nuestros alimentos vespertinos?

–Sí, los oigo, maestro –replicó, contento de que el abad pareciera estar tomando partido por él.

–Todos esos sonidos diferentes viajan por el aire y sin el aire que los transporte, ningún ruido llegaría a tus oídos, ¿no estás de acuerdo?

El joven monje asintió y el viejo abad prosiguió:

–Sin embargo, el aire en sí es totalmente silencioso; su naturaleza no hace ruido –señaló, enarcando una ceja como para preguntar si el joven coincidía o no.

De nuevo, el joven respondió que sí.

Ante eso, el viejo abad se levantó de su silla, con lo cual indicaba el final de su conversación. Con una gentil sonrisa, dijo:

–Confío en que ahora entenderás el verdadero origen de lo que te perturba, pero, en caso contrario, déjame aclararte la verdad de tu situación: *nada es más sonoro que un ruido que no quieres oír*. El verdadero origen de lo que altera tu paz mental *no* es este o aquel sonido pasajero, sino tu resistencia a su aparición. Aún te falta darte cuenta, pero el ruido que te priva de la quietud que buscas no es más que el sonido de tu propia mente que habla consigo misma acerca de cómo librarse de sus propios pensamientos ruidosos.

Y sin más, la reunión terminó. Pero mientras caminaba de regreso a su pequeña celda, el joven monje supo que su búsqueda para alcanzar la verdadera quietud acababa de comenzar.

LECCIÓN CLAVE

¡La manera más segura de garantizar que cualquier cosa que te perturbe continúe sin cesar es seguir hablándote de ello!

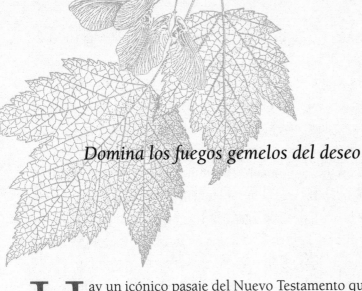

Domina los fuegos gemelos del deseo

Hay un icónico pasaje del Nuevo Testamento que se atribuye a Cristo en una conversación con sus apóstoles: "Nadie puede servir a dos patrones: necesariamente odiará a uno y amará al otro".

En términos superficiales, esta cita parece muy sencilla. Pero como ocurre con la mayoría de lo que Cristo dijo, al igual que sucede con otros avatares, el significado de estas palabras tiene un sentido esotérico bastante más profundo. En este caso, el comentario de los "dos patrones" no tiene que ver con personas, sino más bien con la naturaleza del *deseo*. La mayoría suponemos que el deseo se refiere a querer algo; es decir, es un fuerte sentimiento de anhelo que se va acumulando dentro de nosotros como una sola fuerza. Pero como estamos a punto de descubrir, cualquier forma de deseo es la aparición simultánea de fuerzas contrarias; los terribles "gemelos" que están unidos de manera tan estrecha que parecen como una sola cosa.

Por ejemplo, ¿alguna vez has estado en algún sitio y has descubierto que quisieras estar en otro lugar? ¿O has pensado en la persona que eres y luego has deseado que pudieras ser alguien más? No podemos desear estar en un sitio sin desear que no estuviéramos en donde estamos; no podemos tener el deseo de ser alguien más sin querer dejar de ser quienes somos. Por extraño que parezca, *queremos* y *no queremos* al mismo tiempo.

En momentos como esos somos la encarnación de fuerzas contrarias. Si usamos una imagen ligeramente diferente, un lado del deseo tira, mientras que el otro empuja. Es posible que aún no entendamos la naturaleza de esta criatura que jala y empuja al mismo tiempo, y de cómo puede existir una naturaleza que acepte y resista la vida en el mismo instante, pero al examinar esto con más atención podemos ver evidencias de ello en todas partes, tanto dentro como fuera de nosotros.

Por ejemplo, nadie se muestra negativo sin que primero se resista a la aparición de algo indeseable. Quizá nos sentimos enojados porque algo no sale como lo imaginábamos. Nos resistimos al suceso, considerándolo como la causa del conflicto que sentimos que crece en nuestro interior. Pero lo que estamos a punto de descubrir lo cambia todo: la causa real de nuestra resistencia, y su negatividad concomitante, está oculta en nuestro propio deseo.

No estamos diciendo que haya algo malo con el deseo, no hay nada más lejano; la naturaleza del deseo es instrumental en la creación en todos los aspectos, pero como todas las cosas creadas *también está incompleta.* Desear algo es *anhelarlo*; como es obvio, cualquier cosa que anhela estar completa prueba que, en sí misma, está incompleta. Esto ayuda a explicar, en parte, por qué nuestros deseos arden con la esperanza de alcanzar una plenitud futura, estimulándonos a perseguir la felicidad. Pero nada de lo que el deseo pueda imaginar cambia este hecho esencial: sin importar cuántas veces imagine y después construya un nuevo cimiento para sí misma, una casa dividida no puede mantenerse en pie. Y aún falta más por ver acerca de la naturaleza dividida del deseo.

¡Sin importar qué sea lo que persigue el deseo –ese objeto del corazón o de la vista–, al mismo tiempo significa que está huyendo de algo más! La experiencia prueba este extraño hecho invisible. Oculta en el anhelo de fama o fortuna está la esperanza de escapar de alguna sensación de temor o ineptitud. En este caso, sería útil que pienses en algunos ejemplos de tu propia vida. Pero este es el asunto: nada que nos sintamos impulsados a adquirir fuera de nosotros tiene el poder de cambiar la naturaleza dentro de nosotros que nos motiva a ponernos en acción.

Pregúntate lo siguiente: ¿cuántas veces he obtenido el objeto de mi deseo para descubrir después que no era suficiente? La recompensa obtenida, no importa cuál sea, no acabó con el sentimiento de necesitar algo más para hacernos sentir íntegros y completos. Así que entramos en otra carrera, cruzamos otra meta y esperamos la paz o el poder imaginario que suponemos nos espera allí. Pero aunque obtengamos lo que queremos, al poco tiempo escuchamos de nuevo el disparo de salida ¡y allá vamos otra vez! La pregunta es: ¿podemos salirnos de este ciclo y escapar de su compulsión secreta? La respuesta es sí, siempre y cuando ocurran dos cosas: primera, que podamos ver la verdad de lo que hemos descubierto hasta ese punto y, segunda, que estemos dispuestos a continuar con nuestra exploración interna. Asumiendo ambas cosas, resumamos antes de proseguir.

A su propio arbitrio, el deseo no puede cambiar el hecho de que, sin importar qué sea lo que quiere o no quiere, está impotente para acabar con esa sensación de estar incompleto. Aparte de cualquier placer que obtenga o de cualquier dolor del que pueda escapar, es tan momentáneo como estar en una rueda de la fortuna, en donde estar arriba sólo significa que se está en proceso de bajar; eso es inherente al paseo mismo. Piensa cuánto explica de nuestras vidas esta simple analogía. ¿Qué tan familiares son para ti las siguientes afirmaciones?:

"*Esto* es lo mejor que me ha sucedido alguna vez…, pero qué tal si…".

"Te amo…, pero…".

"Este momento es *casi* perfecto…, lo único que necesita es…".

¡Es casi como si algo no estuviera del todo bien antes de que sintamos que es del modo que se "supone" que debería ser! Esta perpetua semilla de insatisfacción, la presencia de la proverbial serpiente en el jardín, parece inevitable. Y así lo es, hasta que nos percatamos de que el deseo en sí mismo nunca puede conducirnos a la plenitud que busca. Es incapaz de lograrlo. Después de todo, ¿cómo es posible que algo que está en contra de sí mismo pueda encontrar algún día la felicidad?

Liberarnos de nuestra relación grandemente inconsciente con el deseo inicia con aprender a observar cómo opera dentro de nosotros. Nadie puede robarnos aquello que nos proponemos observar y lo mismo es válido en lo que se refiere al espíritu de la plenitud con el cual nacimos. La única manera en que se nos puede obligar a aferrarnos a alguna infelicidad es cuando se nos ha engañado para hacerlo. Utiliza la sabiduría de la siguiente frase cada vez que empieces a sentir que te inunda la negatividad; apóyate en ella para ayudarte a desentrañar el truco que el deseo utiliza para desmoralizarte:

El sentimiento es real, pero la justificación miente.

Por supuesto que *sentimos* resistencia hacia cualquier momento indeseable; nadie lo contradice ni estamos diciendo que el dolor que lo acompaña no sea poderoso, pero ahora nuestros ojos se han abierto. Vemos que "el fundamento" detrás de esta negatividad es una ilusión: es el subproducto sombrío de las fuerzas contrarias del deseo. Veamos unos cuantos ejemplos adicionales, simplemente como aclaración.

No podemos estar molestos con el tránsito, a menos que lleguemos a un embotellamiento llevando con nosotros un deseo inconsciente. No nos damos cuenta de este pasajero psíquico hasta que nos ataca su dolor; ¡esa molestia vive en un deseo inconsciente de que nadie más estuviera en la calle en donde nosotros estamos! El inicio de esta resistencia inmediata causa una restricción y, como consecuencia, llega el dolor. Nuestra reacción inmediata a este dolor es escapar del tráfico al que culpamos de producirlo, pero el tráfico no es la causa de este dolor; más bien, revela el deseo en el que siempre habita este dolor potencial. Aún inconscientes de nuestra situación actual, nos apresuramos a aferrarnos a cualquier ruta familiar de escape que se nos ofrezca: culpar a otro, desmoronarnos o escapar de lo que sea para estar libres. Lo cual nos lleva al concepto principal de esta sección: *el mismo grado de deseo que creó inicialmente ese dolor es el que nos está otorgando una "salida" de él.* En tanto sigamos montados en esta rueda del infortunio, no podemos hacer otra cosa que dar vueltas. ¿Cuál es la alternativa? *¡Debemos aprender a utilizar ese mismo momento de sufrimiento para descubrir que esa negatividad no nos pertenece!* Por paradójico que pueda sonar, ¡nada de esa infelicidad nos pertenece, a menos que no la queramos!

La resistencia –no el deseo de algo o de cualquier cosa– es una forma secreta de identificarse con lo que no se quiere. ¡Esa es la razón por la que mientras más luchamos contra lo que no queremos, más fuerte se vuelve nuestra atracción a eso mismo! Nada más pregúntale a cualquiera que intenta hacer una dieta, dejar de fumar o permanecer sobrio.

Piensa en el antiguo atrapadedos chino. Una vez que colocas un dedo de cada mano en cualquiera de los extremos del tubo, mientras más tiras en direcciones opuestas tratando de liberarte, más apretada es la trampa. Te liberas en el momento en que te percatas de que la solución es dejar de jalar. Justo del mismo modo, librarte de los momentos desagradables no es más difícil que llegar a esta concienciación impensable: *no existe nada real que nos ate*. La felicidad y la plenitud no están "al otro lado de la colina". El poder para sentir una felicidad interna proviene de aprender a pararte arriba de la colina, en la que todo lo que vemos –en ambas direcciones y a la vez– nos pertenece. Revisemos los principios que necesitamos para alcanzar el siguiente grado.

Aprendimos que el deseo tiene una naturaleza dual y que es dos patrones en uno: quiere y no quiere al mismo tiempo. Debido a este estado intrínsecamente dividido, no puede alcanzar la plenitud que ansía, del mismo modo que un extremo de un lápiz no puede abrazar al otro. *El deseo es incapaz de trascender su estado dividido del ser.* Lo cual nos lleva a este concepto esencial en nuestro estudio: si ningún conjunto de fuerzas contrarias puede trascender o integrarse, entonces lo único que puede reconciliarlas y unirlas es una tercera fuerza.

La buena noticia es que esta fuerza unificadora existe y siempre ha existido. Dependiendo de la religión o inclinación espiritual que uno profese, este sublime espíritu de reconciliación se conoce con muchos nombres diferentes: la presencia de Dios, la luz de la verdad, la naturaleza del Buda, Cristo y muchos otros. Esta inteligencia celestial no está separada de nada que ingrese en ella o de lo que sea a lo que se le invite a entrar. Obedece a la vida y todo obedece a su propósito, que es unir todo lo que vive, *incluyendo el deseo*. Para nuestros propósitos, llamaremos "conciencia superior" a ese ser celestial. Y aunque en realidad no podemos ver esta luz viviente más de lo que podemos ver la luz del sol sin los objetos que sirven para revelarla, sí podemos observar cómo podría funcionar este nuevo tipo de conciencia en un ejemplo simple de la vida diaria.

Imagina por un momento que saliste a comer con amigos y que alguien hace un comentario de pasada que causa la risa de todos, pero que por alguna razón te ofende. Te das cuenta de que si el comentario fuera realmente tan ofensivo como tú lo consideras, entonces todos pensarían que es inapropiado, lo cual no sucede. También puedes entender que aunque el comentario no se dirigió a ninguno de los comensales, algo en ti está seguro de que se ha cometido una injusticia en contra de tu persona. En cualquier caso, *lo que tú no quieres sentir* en ese momento empieza a atraer tu atención. Te dice qué hacer y cómo actuar para proteger una parte de ti que insiste en evitar que alguien diga algo inapropiado, ¡aunque no estás seguro de cómo suena eso en realidad hasta que sucede! En un instante se arruinó tu cena, y probablemente también la de todos los demás.

Pero ahora entiendes cómo actúa el deseo en su propia contra *y también contra ti*, cada vez que no tienes conciencia de sus limitaciones; te percatas de que no puede querer lo que sea que quiere –por ejemplo, la aprobación de los demás– sin temer el momento en la vida en que alguien parezca burlarse de ti o marginarte de alguna otra forma. Tener esta nueva comprensión de ti mismo en tu interior es conseguir que su luz vaya por delante de ti, revelando este camino superior y más verdadero; en lugar de entregarle tu atención a cualquier cosa que todo en ti señala como la razón de tu cena arruinada, y luego resistiéndote y resintiéndolo haces algo totalmente nuevo: *eliges tener conciencia de esa parte de ti que quiere defenderse, en lugar de dejarte engañar para defenderla.*

Puedes tomar esa nueva decisión, porque al fin entiendes que cualquier parte de ti que tiene buenas razones para que te sientas mal no se interesa en ti, ¡sino en sí misma! Mientras más clara sea esta revelación, con más seguridad ocurrirá la siguiente acción: en lugar de ceder a su insistencia en conducirte a ninguna parte, *la sacas a relucir bajo la luz de tu propia conciencia superior.*

Ingresar a esta luz interior transforma el momento, debido a que este grado superior de conciencia *te cambia desde el interior.* Establecer un acuerdo lúcido con este nuevo grado de conciencia es igual a ver la totalidad de ti mismo. Todo lo que alguna vez estuvo oculto ante tus ojos, ahora se revela –*incluyendo las partes de ti que quieren y que no quieren al mismo tiempo*–. Finalmente se reconcilia la naturaleza dual del deseo y se libera de su ilusión. Al colocarte bajo esta luz unificadora, ya no existe necesidad de una futura plenitud, porque *estás en ella.*

LECCIÓN CLAVE

En tanto el deseo no esté consciente de sí mismo, lo único que puede hacer es perseguir su propio reflejo a través del tiempo, buscando y corriendo siempre detrás de algo, pero incapaz de consumar la meta de su propio anhelo.

Aléjate del torrente de pensamientos y sentimientos negativos

En algún sitio de una remota región del suroeste de Estados Unidos, un guardabosque estaba sentado en su torre de observación. Dominaba desde lo alto los profundos desfiladeros y cañadas que atravesaban el parque nacional en el que había trabajado durante los últimos veinte años. Al explorar el terreno por medio de sus binoculares, observó que al oeste se estaba formando una tormenta y sabía que, en cuestión de minutos, una crecida inundaría las hondonadas que estaban más abajo.

Al dirigir la vista hacia el este, algo llamó su atención. A menos de kilómetro y medio de distancia pudo ver que una joven con una mochila entraba justo en una de las cañadas más conocidas del parque, a la que denominaban "el callejón sin salida". Era una de las áreas más hermosas de todo el parque, debido a que los siglos de inundaciones habían labrado sus paredes de arenisca hasta convertirlas en coloridas olas rojas y amarillas, como si las ondulaciones de un océano hubieran quedado congeladas en el tiempo.

Un momento después, su mente ató cabos entre los sucesos que ocurrían en los extremos opuestos del desfiladero. El corazón le empezó a latir con fuerza; no había forma en que esta joven mujer pudiera ver la tempestad que se formaba en el horizonte justo por arriba de ella y mucho menos que pudiera saber que sus aguas ya estaban cayendo en el otro extremo de la estrecha cañada que estaba explorando. El guardabosque había visto incontables crecidas y había sido testigo de su violencia mientras corrían llevándose todo a su paso: rocas, maleza, cualquier cosa, incluyendo a cualquier desafortunada criatura que quedara atrapada en sus furiosas corrientes. Sabía que la joven estaba condenada; era evidente que las torrenciales aguas llegarían a ella antes de que pudiera advertirle del peligro. No obstante, se puso en marcha, bajó desde la torre de observación y subió a su jeep.

Menos de tres minutos después, llegó al punto en el que había un borde que tenía vista a la cañada, por donde tenía la esperanza de poder ver a la mujer que caminaba abajo y, con un poco de suerte, avisarle del peligro. Pensó que si le advertía con un momento de anticipación, quizá podría alcanzar una saliente en el desfiladero y salvarse. Pero era demasiado tarde: escuchó venir el torrente en el instante mismo en el que vio que la mujer daba vuelta a una curva ciega y se topaba frente a frente con la crecida. Gritó, pero el rugir de las aguas ahogó su voz, igual que lo haría con la chica.

La oscura inundación que arrastraba multitud de escombros estaba a menos de treinta metros de la mujer cuando finalmente ella se dio cuenta de su situación. Pudo ver el asombro en su mirada e imaginó el terror que debía de estar sintiendo. Pero en lugar de entrar en pánico y correr, como él lo hubiera esperado, pareció atravesar por algún tipo de transformación. Un instante después, mientras las furiosas aguas llegaban a unos tres metros de distancia de donde ella estaba, pudo ver que decía algo, como si hablara consigo misma, e imaginó que estaría rezando.

Cerró los ojos de manera involuntaria, en parte para unirse a la oración de la chica y en parte porque no quería ver lo que se venía. Cuando miró de nuevo, el torrente de más de 1.80 metros de altura había llegado hasta los pies de la mujer y luego ocurrió lo inexplicable: en lugar de arrastrarla entre sus aguas, la crecida se abrió en dos frente a ella. Mientras el guardabosque seguía mirando, la mujer se quedó completamente quieta, mirando simplemente de un lado a otro como si estudiara los escombros que pasaban a su lado.

"¡Qué demonios!", pensó en voz alta. Dos minutos después, todo había terminado. El agua había disminuido y sólo quedaba un riachuelo, y la mujer seguía de pie allí, completamente seca. Gritó con todas sus fuerzas:

—¡Espéreme allí! ¡Voy hacia usted!

Saltó a su jeep y llegó cinco minutos más tarde.

—Por lo más sagrado, dígame por favor qué es lo que acabo de presenciar. ¿Es usted algún tipo de maga? Con una cosa así, debería estar muerta. ¿Cómo es posible que siga aquí?

Ella le sonrió y respondió:

—Oh, no, no es nada parecido.

—¿Entonces qué? ¿Qué estaba diciendo? —le espetó, un poco sorprendido de su propio estado de agitación. Después de tranquilizarse, volvió a formular su pregunta—: Vi que estaba diciendo algo justo antes de que la corriente la alcanzara. ¿Era algún tipo de oración? En ese caso, por favor compártala conmigo.

Ella permaneció un minuto en silencio, tratando de elegir con cuidado sus palabras.

—Supongo que sí es una especie de oración y me dará gusto compartirla con usted, si lo desea.

–Claro que sí –respondió él–. Por favor, dígame.

–Bueno, cuando di la vuelta a la curva y vi que las aguas corrían hacia mí, me di cuenta de que había perdido conciencia de mi entorno; no había duda de que me había puesto en peligro. Así que, después de recuperar la atención, hice lo único que sabía que estaba en mi poder.

El guardabosque apenas podía contenerse. Escupiendo a medias sus palabras, le dijo:

–Claro, claro…, entiendo…, pero *¿qué* dijo usted que produjo que las aguas se abrieran ante sus pies, dejándola allí a salvo?

Ella sonrió.

–Lo único que dije fue: "Sigan su camino sin mí".

LECCIÓN CLAVE

Toda inundación comienza con una sola gota de lluvia; los pequeños arroyos que las gotas crean se convierten en veloces aguas cuyo poder combinado se lleva cualquier cosa que se atraviese a su paso. Todos los estados interiores oscuros y destructivos comienzan con un solo momento de identificación inconsciente con una reacción negativa que, al poco, se transforma en un torrente de pensamientos y sentimientos que causan gran aflicción. Tu disposición a elegir la vigilancia, en lugar de la resistencia a estos estados que aumentan en forma repentina, equivale a permitir que pasen, dejándote seco y a salvo.

Alcanza el amor intemporal

Todos hemos sufrido a causa de otras personas que nos han dejado con el corazón herido, en tanto que ellos parecen seguir bien con su vida sin nosotros. En los momentos en que se sufre una pérdida de ese tipo, nuestro vacío no permanece así por largo tiempo; poco después nos llenamos de enojo, culpa, remordimiento o pena. Estos pensamientos y sentimientos oscuros acompañan, por lo general, dos cosas. Al inicio, nos atan a la certidumbre negativa de que nunca volveremos a amar o a confiar, pero eso no es lo peor. También nos ciegan, de modo que el verdadero propósito detrás de nuestro dolor pasa desapercibido; en tales circunstancias, no aprendemos la siguiente lección. Oculto dentro del dolor está el poder de transformar nuestras lágrimas en un nuevo tipo de triunfo sobre la pena:

El amor no es el que nos hirió.

Una vez que nuestros ojos internos se abren y podemos interpretar el contenido que se oculta entre líneas dentro de nuestro sufrimiento, podemos ver una maravilla espiritual tras otra. Por ejemplo, nos damos cuenta de que el verdadero amor no puede hacernos daño, de igual manera que la luz de una lámpara no puede oscurecer una habitación. Entendemos, sin necesidad de pensar, que la naturaleza de la luz es revelar las cosas, no ocultarlas. Es evidente: el amor sana; su propósito celestial es integrar todo aquello que toca y a todos los que eligen aceptarlo.

El nacimiento de esta nueva sabiduría interna lleva al aspirante a una encrucijada espiritual. El sendero a su izquierda conduce a la pena no correspondida, mientras que el de la derecha lleva a la revelación; desde esta perspectiva elevada, podemos ver que nuestras aflicciones –sin importar cuál sea su naturaleza– anuncian un orden superior del amor que implica una invitación celestial a alcanzar un aspecto de nosotros mismos que no puede menguar a causa de ninguna pena. Los siguientes discernimientos destacan estas últimas ideas importantes.

Este mundo nuestro, y todo lo que ocurre aquí, es una escuela para nuestra educación espiritual. Como cualquier institución de educación superior, tiene maestros, clases y muchos grados de aprendizaje; todos tienen como finalidad hacer posible la revelación y, finalmente, la concienciación de un amor intemporal que crea y mantiene al cosmos. Ahora bien, tomemos la luz que proviene de este discernimiento e iluminemos ese momento oscuro en que la vida parece privarnos de algo o alguien a quien amamos.

Cada vez que nos hieren, nos abandonan o que el comportamiento negligente de alguien hacia nosotros nos hace daño, la vida parece decirnos que es momento de sufrir. Pero esta percepción es tan falsa como el orden inferior del ser que se deja engañar por ella. Como veremos, la verdad de esos momentos es, con mucho, otra historia.

En todos los momentos desagradables la vida nos hace una sola pregunta: ¿estamos listos para ver que nuestro dolor no se debe a que algo haya cambiado, como obviamente tiene que suceder, sino que, más bien, sufrimos porque una parte de nosotros teme con desesperación al cambio? Por desafiante que pueda ser, debemos reconocer esta revelación si deseamos aprender la lección que implica. Sólo entonces podremos realizar la verdadera acción que demanda esta nueva comprensión: *debemos desprendernos de cualquier parte de nosotros que se aferre a su dolor como prueba de su amor.*

¿Cómo podemos estar seguros de que desprendernos nos ayudará no sólo a superar nuestro sufrimiento, sino también a aprender a reconocer esos momentos desagradables que parecen lanzarnos hacia sus oscuras manos? Un rápido examen lo revela todo.

Nuestras propias experiencias han probado una y otra vez que las lecciones que necesitamos para trascender nuestro grado actual de comprensión viajan a la par de los acontecimientos. Sin embargo, en medio de todas esas revelaciones individuales se encuentra oculta una sola lección que es mayor que todas las demás combinadas: cualquier verdad que lleguemos a observar acerca de nosotros mismos es –y siempre ha sido– una parte de nuestra conciencia. La experiencia prueba este descubrimiento divino.

Cada vez que finalmente aprendemos la lección que nos imparte algún momento y vemos la verdad, la sensación se parece más a un recuerdo súbito que a toparse con algo que antes desconocíamos. Esos momentos de iluminación son como encontrarse con un viejo amigo al que no hemos visto por largo tiempo y, en cierto sentido, eso es lo que son: la remembranza de cualquier verdad intemporal nos reúne con nuestro ser inmortal. Una inteligencia amorosa que espera dentro de nosotros nos conduce a esos momentos para demostrarnos que nunca hemos estado solos y que nunca lo estaremos.

Esto significa que nuestras lecciones de vida aparecen en la forma en que lo hacen, y cuando lo hacen, para cumplir con un bello y único propósito: *liberarnos de la ilusión dolorosa de que cuando llega a su fin algo que amamos, el amor mismo termina.*

El dolor que sentimos en ese momento es nuestra identificación con un orden inferior del ser que está tratando de aferrarse a una forma de amor que ya no se puede mantener en este mundo. Esa naturaleza falsa sufre por una sola razón: teme que el final de su relación —con lo que sea que se haya identificado— implica también el final de su existencia. Y es por eso que se aferra, niega y acusa a aquello que se ha ido, porque cree que es nada sin ese "otro" determinado.

En efecto, duele que nos abandonen; siempre existe un duelo cuando un ser amado se va, como seguramente también sentimos enojo y pena al enterarnos de que alguien que ha sido "la niña de nuestros ojos" nos traiciona o miente. Esa es la razón por la que, si esperamos alcanzar el amor intemporal que habita dentro de nosotros, no sólo debemos perfeccionar el siguiente concepto, sino que también debemos practicar su verdad en cualquier momento en el que parezca que hemos perdido el amor.

En los mundos que están por arriba de
nosotros —que moran en nuestro
interior— nosotros somos el otro.

El amor que vive dentro de nosotros, y que proviene de la divinidad, nunca muere; tan sólo asume nuevas formas para enseñarnos esta verdad, a fin de que podamos compartir su perpetuo renacimiento dentro de nosotros.

LECCIÓN CLAVE

El enojo o el resentimiento hacia alguien que nos abandona no es prueba de que nosotros amemos y ellos no. Prueba que no comprendemos la verdadera naturaleza del amor, o de lo contrario no nos estaríamos rompiendo en pedazos porque alguien nos arrebató algo a lo que nos habíamos apegado. Ese hueco momentáneo en nuestra alma –que crea ese tipo de pérdidas– debe dejarse vacío y no llenarse con estados negativos; de otro modo, nunca podremos ver el nacimiento de un orden nuevo y superior del amor dentro de nosotros, porque no habremos dejado espacio para que se presente.

Todo me recuerda a ti

No existe manera en que pudiera haber sabido que cada amor en mi vida –cada rayo de luz a través de los árboles, cada canto en mi corazón, cada campo bañado por la brisa–, todo lo brillante y hermoso, bueno, noble y verdadero, está allí para recordarme a ti.

LECCIÓN CLAVE

El amor que tenemos por todo lo que es sagrado, hermoso o verdadero está presente en nuestro corazón antes de que podamos pensar en cualquier razón para el amor que sentimos. Eso significa que no somos nosotros los que encontramos cosas que amar, sino más bien, que el Amor encuentra –a través de nosotros– una forma de tocarnos y enseñarnos que vive en y a través de todas las cosas.

Ponte en manos celestiales

Existe un mundo inferior donde los temores son reales; un mundo en el que todas las cosas, y todos los que viven en él, participan sin saberlo en el temor que habita allí. En este ámbito de mayor oscuridad, *aquello que se teme es inseparable de la naturaleza que teme*, así que cualquier acción que realice esta naturaleza para terminar con su temor se convierte en la semilla de su siguiente estado amenazante.

Por ejemplo, digamos que te preocupa que alguien que amas esté perdiendo interés en ti. A medida que crece ese miedo, empiezas a pedir afirmación emocional –buscando, por medio de palabras o contacto, esa atención que temes que está menguando–. Esta presión para encontrar consuelo, que se creó por completo a partir del miedo, produce exactamente la reacción opuesta en tu pareja. La mayoría conoce cómo se desarrolla esta historia: al final, provocamos de manera inconsciente justo lo que más tememos que ocurrirá.

Existe un mundo superior en el que estos temores no pueden entrar y mucho menos infectarnos. Su paz es inseparable de su plenitud, porque en los mundos superiores la plenitud es la protección perfecta; no puede ingresar ningún ser que no haya accedido a volverse uno con su armonía. Cualquier acción que realice esta naturaleza se conforma siempre a los mundos innumerables dentro y alrededor de ella; como tales, estas acciones son la semilla de ese reino de paz a partir del cual se cosechan. En el verdadero sentido de la palabra, este mundo es la paz que rebasa todo entendimiento.

En realidad no se trata tanto de que vivamos entre estos dos mundos, como de que no tenemos conciencia de vivir en ambos mundos al mismo tiempo. Los mundos inferiores no están enterados en absoluto del mundo superior, en tanto que el mundo superior comprende todo lo que habita por debajo de él.

Por sí solo, el conocimiento de esos dominios internos no favorece en nada el cambio en tu relación con ellos, aparte de ayudar a aclarar intelectualmente cuál de estos dos reinos debería ser el objeto del afecto de tu alma. No debería haber mayor confusión respecto de esto que la que habría en decidir si en una playa recolectaremos piedras afiladas o perlas preciosas. Sin embargo, al igual que discriminar entre un guijarro liso y una perla preciosa requiere tener la capacidad de *verlos*, también eso se aplica a conocer la diferencia entre aquello que tiene miedo o es valeroso dentro de ti.

Esa es la razón por la que sólo la conciencia de la existencia intrincada de estos mundos puede conducirte de manera segura a través de ellos hacia la plenitud que buscas. *Esta conciencia es elección* y esta elección es acción; en conjunto, forman un movimiento que satisface un solo propósito divino: liberarte de las manos temerosas de los mundos inferiores y entregarte en las manos amorosas del cielo.

LECCIÓN CLAVE

En este mundo, una estrella es algo a lo que le pides
un deseo con la esperanza de que se vuelva realidad.
Pero en los mundos superiores —en el reino del
espíritu— tu deseo es tu estrella.

Capta los mensajes del cielo

Toda relación que tenemos en nuestra vida –nuestro contacto con cada persona, lugar y suceso– cumple un propósito muy especial, aunque aún deba alcanzarse: es un espejo que nos revela cosas de nosotros mismos que no pueden conseguirse de ninguna otra manera. Creo que esa es una de las razones por la que a tantos de nosotros nos encanta salir y pasearnos por la enorme sala de exhibición que llamamos madre naturaleza.

Por ejemplo, al mirar en las profundidades de un cielo nocturno, nos damos cuenta de algo que es vasto y eterno; en sus montañas percibimos el alma de la majestuosidad; en cualquier recién nacido habita la sensación de una inocencia casi del todo olvidada. Con todo lo que nos conmueve de ese modo, adquirimos conciencia de un aspecto de la vida que es más grande que nosotros, pero que es inseparable de la parte de nosotros que es testigo de ella.

A través de estas relaciones, tenemos un asomo de lo inefable; ante su contacto, despertamos para adquirir conciencia de que todo aquello que presenciamos en este mundo no es más que un espejo de los mundos superiores y que todos esos mundos residen adentro de nosotros. El alma sabe que esto es verdad: que en lo común se oculta lo celestial y, en consecuencia, espera vigilante, sin saber nunca cuándo o dónde captará un mensaje del cielo. Nunca hay un anuncio de tales momentos. Llegan callada e inesperadamente y –como dejará claro el siguiente ejemplo–, aunque se desvanecen en el aire, su impresión perdura para siempre.

Cuando llega el otoño, en particular casi hacia su final, el suelo en la pequeña cima de la montaña en donde vivo se vuelve literalmente de color café dorado, gracias a todas las hojas de roble que se han caído de los árboles.

Es tan hermoso observar cómo caen esas hojas, como copos de nieve que llegan en cámara lenta hasta el suelo del bosque, en donde reposan temporalmente. Luego llegan los vientos de finales de octubre o principios de noviembre y las hojas empiezan a correr por todas partes. Como una gran reunión de diminutos gimnastas, van de aquí para allá, girando sobre sí mismas en equilibrio, hasta llegar a sitios desconocidos.

El aspecto notable sobre el cual siempre he tenido dudas es a dónde van todas. Porque aunque todo está en movimiento, apenas puedo percatarme de alguna diferencia en lo que tengo frente a mí. ¡Las hojas que el viento recoge y dispersa en una dirección se sustituyen de un momento a otro con las hojas que avanzan desde el otro lado de la colina! Es como un gigantesco juego de sillas musicales, pero siempre hay un asiento para todos los participantes. Poco a poco, se presenta la lección; justo ante mí se revela un secreto celestial:

Todo se mueve, pero nada cambia.

El suelo sobre el cual corren las hojas permanece igual; provee el escenario donde un número infinito de personajes interactúan unos con otros, sin que nunca cambie en realidad otra cosa que el sitio que ocupan. Esta es una metáfora casi perfecta para cualquier aspirante que desee comprender la relación de su ser inmortal con el mundo del tiempo transitorio que lo atraviesa.

En nuestro interior –en el mismo centro de nuestro ser– se encuentra un terreno espiritual, una quietud perfecta que, respecto al movimiento de nuestros pensamientos y sentimientos, es como la tierra en relación con las hojas que corren sobre ella, hasta que llegan a un punto en el que no queda más hacia donde correr. Allí reposan de su carrera y entran en la quietud de la tierra, entregándose a nutrir su cuerpo, para que esta pueda dar vida de nuevo cuando llegue la primavera.

¿Qué mejor manera existe de ver esta hermosa verdad? ¿Qué debemos hacer para encontrar la libertad que proviene de darnos cuenta de la naturaleza inmutable de la divinidad que mora dentro de nosotros?

Permanece en el presente.

Permanece en la quietud.

Recuerda la verdad acerca de ti mismo.

Al prestar tu total atención a la presencia viva de todo lo que eres, recibirás la incomparable conciencia de que, aunque todo a tu alrededor cambie, *dentro de ti vive aquello que nunca cambia*. A partir de este descubrimiento surge la total ausencia de miedo, de manera muy parecida a como las últimas sombras de la noche huyen de la luz de la mañana.

LECCIÓN CLAVE

Aquello que llamamos presente, incluyendo todo
lo que se aparece dentro de él, en realidad es una
presencia intemporal; no es el resultado del pasado
ni ninguna puerta hacia algún futuro imaginario.
El transcurso del tiempo es tan sólo una de las
maneras en las que sucede aquello que siempre está
presente, pero ese movimiento del tiempo
no define ni confina más a esa presencia de lo que
la salida y puesta del sol pueden cambiar la
naturaleza de la luz.

Acaba con el temor de ser "nada"

Si el cielo estuviera vacío, las aves no podrían volar por él. La única manera de saber la plenitud de la nada que temes es *arrojarte a ella.*

Hazlo suficientes veces y pronto empezarás a sentir –y a conocer– la presencia de la quietud eterna que enlaza todas las cosas. Y aunque no toca nada y nada la toca, sigue conectando todo lo que transita por ella.

En esta "nada" vital habita todo, *incluyéndote a ti.* Una vez que se alcanza este conocimiento superior del ser, termina el temor a ser "nada". ¡Lo cual significa que, al fin, has encontrado algo real!

LECCIÓN CLAVE

No puedes protegerte del dolor y de la decepción psicológicos y tener la esperanza de alcanzar la divinidad; el despertar es un movimiento –un enlace entre el riesgo y la revelación– que engendra un nuevo orden del ser que se vuelve uno con el cambio.

Ingresa al ser imperecedero

Como se nos recuerda en Eclesiastés, "todo tiene su tiempo". A medida que cada creación excede su utilidad en un área de la vida, también cambia su propósito de existir. Por ejemplo, examinemos la vida de una simple hoja. Al momento de nacer y desarrollarse lentamente, captura la suave luz de la primavera y transfiere esta energía al árbol. A lo largo de la primavera y el verano, cumple con ese propósito. Pero llegado el otoño, su servicio cambia.

En sus primeros días, la hoja actúa como un agente de conversión; absorbe la luz del sol que, a su vez, alimenta al árbol. Pero cuando cambian las estaciones del año y el otoño cede el paso al invierno, la vida de la hoja se debilita, muere y cae a la tierra. Poco a poco, su cuerpo se convierte en alimento para el mismo árbol que alguna vez ayudó a alimentar. Así se completa el ciclo de nacimiento, muerte y renacimiento.

Es bastante claro: ninguna criatura natural puede evadir las leyes que obligan a la mutación en su forma y función. Además, dentro de esta matriz compleja de cambio constante existe la absoluta interdependencia de todos los que cumplen su cometido dentro de ella. La ciencia lo confirma: desde los enormes soles hasta las pequeñas semillas de mostaza, todos y cada uno en su propia escala del ser atraviesan por este ciclo de vida y muerte. Al final, el árbol es tan impotente ante su destino como las hojas que nacen de sus ramas. Nuestra identificación con el ir y venir de todas estas formas individuales nos impide observar la naturaleza perenne que se oculta tras ellas.

También debería ser evidente que las criaturas menos evolucionadas, como las hojas, los árboles y la multitud de seres que se ocultan bajo su sombra, no tienen conciencia de la manera en que su forma –después de satisfacer su propósito en la vida– está obligada a realizar la transición de un orden del ser a otro. Viajan de una a otra de sus diversas formas, ajenas a la conciencia mayor que representan y a la cual deben servir.

Sin embargo, oculto en algún sitio dentro de la compleja matriz de nuestra esencia, se alberga un orden superior de conciencia: una escala celestial del ser que es bastante mayor que cualquier forma temporal que asuma alguna vez. Esta conciencia trascendente de nosotros mismos *permanece inmutable, verdadera e inagotable a través del tiempo.* Nunca titubea, a pesar de que vea "morir" –transcurrir– la forma temporal que ocupa, para que este cuerpo pueda cumplir con su siguiente papel en el plan especificado de la naturaleza. La conciencia de este tránsito, que únicamente nosotros tenemos el poder de atestiguar, tiene su nombre: se conoce como la oscura noche del alma.

Para quienes aspiran a conocer el ser inmortal, la oscura noche del alma es un tiempo obligado de "desconocimiento". Señala un período de evolución, un rito de transición que necesariamente se repite al final de un conjunto existente de posibilidades. Durante esas tribulaciones no existe forma de obtener consuelo; el orgullo y la pasión anteriores se imaginan como escollos, tan inútiles como impotentes para rescatarnos del ser que ahora vemos que aquellos conspiraron a crear en nosotros. Literalmente estamos entre dos mundos, suspendidos allí por una luz divina que nos muestra quién y qué ya no podemos ser, pero que no nos revela qué hay más adelante si nos sometemos a su revelación. Es allí donde ingresamos al proverbial valle de las sombras de la muerte.

Sin embargo, a pesar del temor de llegar al final de uno mismo, algo permanece con nosotros en medio de esta oscuridad espiritual. Nos habla personalmente a través de lo que nos revela sobre nuestra naturaleza actual, que es la razón por la que mientras más tiempo estemos dispuestos a tolerar la oscuridad de estas revelaciones que provienen de la luz, con más seguridad nuestros ojos empezarán a ver la inscripción secreta que está grabada en el corazón. Este mensaje, que es parte invocación y parte invitación, es claro para todos los que se atreven a llegar así de lejos:

En tiempos de gran turbulencia, si tan sólo
accedes a desprenderte y morir para ti mismo,
no serás quien sucumba. Así que no sólo serás
testigo de tu sacrificio, sino también de
tu propio renacimiento.

LECCIÓN CLAVE

Nuestra necesidad de cambio –de renovación–
es constante; sin embargo, lo mismo ocurre
con nuestra resistencia al cambio. La primera es
inseparable de la libertad que anuncia, en tanto que
la segunda garantiza que continúen los patrones
que aprisionan al alma. Elige la segunda y la vida se
transformará en muerte, en tanto que si eliges la
primera verás que la muerte conduce a la vida.

En búsqueda de la perfecta
fortaleza espiritual

La parte más difícil del viaje por la senda ascendente es la concienciación gradual de que nuestro esfuerzo para despertar a la vida real es, cuando mucho, imperfecto. Por esta senda ascendente, cada paso se vuelve eco de un recordatorio indeseable de nuestros actos imperfectos, de nuestros pensamientos y sentimientos imperfectos, de nuestra devoción imperfecta, y así sucesivamente. No obstante, observar estas verdades que destruyen la imagen que tenemos de nosotros mismos es sólo la mitad de la prueba y, en cierto modo, el menor de los desafíos que habremos de enfrentar.

La mayor parte de esta dificultad –y quizás el área más resbaladiza de la senda superior– es la tentación de juzgarnos; es decir, de aborrecernos por cualquier "debilidad" que ahora se ha vuelto evidente. El acto de juzgarnos en momentos como esos *parece* natural e incluso necesario, si esperamos "superar" algún día nuestras limitaciones reveladas. Pero este tipo de castigo hacia uno mismo es un caballo de Troya, en cuyo oscuro vientre se oculta cierto hecho que, después de detectarlo, nos libera del tormento de juzgarnos:

El dolor que se asocia con cualquier revelación
desagradable acerca de nuestro orden actual
del ser es obra del mismo orden inferior del ser
que no quiere ser revelado.

Ahora bien, a este último hecho debemos añadir la siguiente idea importante: cuando nuestra atención se fija en cuánto no queremos ser lo que somos en ese momento, ¡no podemos vernos como somos en realidad! Esto significa que todas las reacciones nacidas de la resistencia son agentes que nos ciegan; ocultan el hecho presente con sensaciones poderosas y desagradables que atraen nuestra atención, para que en lugar de tener conciencia de nosotros mismos –de la totalidad de nosotros– sólo estemos conscientes de la reacción dolorosa y de aquello a lo que apunta como causa de nuestro sufrimiento.

Despreciarnos por haber fallado en el objetivo no prueba que pudimos acertar y no lo hicimos. Sólo prueba que la naturaleza inconsciente que está involucrada en este tipo de dolor no sabe cuál es el verdadero objetivo o no se estaría haciendo pedazos. Este engaño es tan profundo como tramposo y oscuro: *odiarnos por nuestra debilidad es la manera en que la debilidad oculta se hace pasar por fortaleza.*

La verdadera fortaleza espiritual se alcanza, lentamente, al atreverse a detectar y abandonar estos estados negativos ciegos que hemos estado permitiendo que nos definan. Y, lo creas o no, esta decisión de ya no consentir el sufrimiento que se asocia con lo que no eres representa la parte más difícil del trabajo para liberarte. Después de todo, cuando ya no queda nada ni nadie dentro de uno mismo a lo cual culpar de las propias debilidades, también está bastante claro que volver la vista al propio "ser" para pedir ayuda es como preguntarle a un asno cuál es el camino al cielo.

El trabajo interior para alcanzar el ser inmortal es un viaje interminable y, al contrario de la creencia popular, no comienza con *nuestro* deseo de despertar, sino más bien con el trabajo de Dios *dentro de nosotros*, para despertarnos a la naturaleza extraterrenal del amor celestial. Si consentimos en atravesar por lo que se nos pide, a través de nuestra unión con la divinidad –y de la labor que esto demanda–, alcanzaremos gradualmente una relación consciente con un amor que equivale a una vida eterna.

Llegará un momento en que, si persistimos, ya no temeremos ver nuestras debilidades, sino que nos daremos cuenta de su presencia *como una sombra que sólo aparece de esa forma gracias a la luz viviente que la revela*. Y mientras más grande se vuelva esta comprensión, mayor será nuestra capacidad de adquirir como propia la fuerza de esa luz.

LECCIÓN CLAVE

A través de los ojos de un conocimiento superior del
ser, nuestras debilidades, sin importar su naturaleza,
son las semillas secretas de una nueva fortaleza que
no se compara con nada imaginable en
nuestro interminable sueño por dominar
lo que ahora nos vence.

Deja de sentirte vacío

Tienes deseos y luego te apresuras a liberarte de las sombras terribles, pero te niegas a cambiar las creencias que las originaron, lo cual equivale a lanzarte desde la rueda de la fortuna hacia el carrusel con la esperanza de acabar con tu mareo.

Cualquier intento por darle fin a tu sensación de vaciedad tan sólo sirve para fortalecer la ilusión de un yo falso que cree que puede huir de su propia nulidad imaginaria. Ambas ilusiones están llenas de gran cantidad de terror, pero no es más posible eliminarlas que matar a una sombra encajándole un cuchillo.

Por otro lado, perdonarle la vida a la vaciedad –sin importar su apariencia– acaba con la ilusión dolorosa que produce, al igual que con el ser falso que tanto le teme. Luego aparecen, al mismo tiempo, el verdadero vacío y su hermosa hermana, la plenitud, que revelan su secreto eterno: son gemelos celestiales que nunca se separan uno del otro. Sólo parecen separarse porque cada uno es tan abrumador de contemplar por sí solo, de modo que ver a uno de ellos te ciega a la existencia del otro.

Dentro de ti habita –aunque sigue dormida– una conciencia superior que no teme la aparición momentánea de cualquier contrario dentro de sí.

El verdadero amor no teme más al odio de lo que el sol se preocupa de la sombra que ayuda a crear. La verdadera fortaleza aumenta cuando se le revela una debilidad que no conocía. Ver y actuar según estas verdades te libera del temor a sentirte vacío, solo o indigno de amor en cualquier otro sentido.

Mientras más te introduzcas en el vacío que temes, más pronto verás que tu ser inmortal nunca puede estar vacío, del mismo modo que no puede decirse que un cielo sin nubes esté menos pleno.

LECCIÓN CLAVE

La mente dividida sólo tiene un amor, que es dividir la vida en dos; nada es más dulce para este grado inconsciente del ser que crear la sensación de apartarse de todo lo que ve. De este modo, siempre tiene algo que hacer, porque no deja de buscar lo que imagina que requiere para sentirse completo.

Lánzate al viento divino

La vida se llenará de lo que sea que tú te vacíes, y la vida se vaciará de lo que sea que tú te llenes. Esa es la clave: la comprensión superior que se requiere para alcanzar la alegría, rodeada de misterio y llena de una agridulce contradicción.

Todo está más que claro cuando aprendes a verlo. No tiene caso tratar de salvarte por medio de aferrarte. Además, nada de aquello a lo que te hayas podido aferrar ha llenado aún el hueco que existe en tu alma, ¿no es cierto? Entonces, ¿por qué luchas contra el viento cuando puedes unírtele?

Sé aquello para lo que se te creó: como junco que está hueco, pero íntegro. No sólo es más fácil, sino que también es mucho más provechoso. Luego deja que los vientos cambien de dirección; ya no importará qué curso sigan, porque mientras más jugueteen contigo, más podrás jugar tú mismo.

Cuando estás completamente abierto, todo viaja hacia ti. Después de todo, nada puede destrozar el vacío ni privarlo de su paz.

Ofrécete al viento y luego ¡lánzate!

LECCIÓN CLAVE

Nuestro viaje hacia el ser inmortal comienza con el despertar a la profundidad y amplitud intemporales de nuestra conciencia dormida. Todo lo que somos y esperamos ser ya reside dentro de nosotros, esperando a revelar su luz a cualquiera que se atreva a dar el salto a la aparente oscuridad de su vacío perfecto.

El amor divino quiere todo lo que tú eres

Existen tres maneras de obtener lo que uno quiere de la vida: esmero, astucia o amor. El esmero es bueno, pero en el mejor de los casos su resultado es condicional, porque depende del paso y de los estragos del tiempo.

Los "astutos" inevitablemente quedan enganchados en su propia trampa.

Por otro lado, el amor libera a quienes buscan su compañía y es eterno. A fin de cuentas, este tipo de amor tiene la última palabra porque es su propia recompensa: sin importar lo que estemos dispuestos a permitirle hacer de nosotros, se crea a partir de sí mismo.

Pero comulgar con este amor intemporal tiene un costo. Pide todo lo que somos… y aún más: quiere que *queramos dar* lo que nos pide. Pero el verdadero amor nunca exige ninguna forma de sacrificio sin demostrar primero por qué esta magnitud de entrega de uno mismo es tanto sabia como necesaria. Así comienza a preparar al corazón para el camino que se le pide recorrer.

De manera lenta pero segura, se abren nuestros ojos para observar qué tan implacable es el paso del tiempo; atestiguamos dentro de nosotros mismos –y en las vidas de todo lo que nos rodea– la inevitable pena que proviene de identificarnos con la cadena de amores temporales que señalan su devenir. Estas revelaciones establecen las condiciones para que, antes de que pase demasiado tiempo, cualquier cosa que nos pida el amor divino se convierte precisamente en lo que ahora queremos darle más que ninguna otra cosa.

¡Qué misterio!

Ahora que estamos dispuestos a darlo todo, nos damos cuenta de que ha ocurrido justo lo contrario: se nos ha dado todo. El amor nos renueva de un modo que nunca pudimos lograr por nosotros mismos, volviéndonos íntegros, felices, valientes y libres.

LECCIÓN CLAVE

Tu ser inmortal es valiente porque sólo vive por una razón: ser –momento a momento– el instrumento infatigable de lo que sea que el amor le pide ser.

Encuentra la luz en tu momento de mayor oscuridad

Dos hermanos se encaminaron a pasar el día haciendo alpinismo extremo en una montaña con empinadas paredes de roca y peligrosos glaciares. No llevaron nada con ellos aparte de los equipos que necesitaban para disfrutar de una tarde de alpinismo. Pero después de tres horas de haber iniciado su ascenso, les sorprendió una tormenta completamente inesperada de granizo y aguanieve congelada.

En pocos minutos, ambos hombres estaban a punto de sufrir hipotermia y se dieron cuenta de que sin un refugio y fuego para calentarse, no saldrían vivos de la montaña. Así que se lanzaron a la primera cueva que pudieron alcanzar.

Su breve búsqueda en el espacio oscuro rindió unos cuantos trozos de madera vieja que, sin embargo, parecía demasiado húmeda. Para su buena suerte, también encontraron los restos de una vieja y dañada mochila que obviamente habían abandonado allí hacía años. Un breve examen de su contenido dio apenas con unas cuantas envolturas viejas de chocolate, un cuchillo de monte y un pequeño trozo de pedernal. Eso les provocó una sonrisa porque, como era obvio, su única esperanza era prender una fogata, aunque eso pareciera ir contra toda posibilidad.

Minutos más tarde ya estaban alternándose, primero uno y luego el otro, para frotar el pedernal contra una piedra que desprendieron de una de las paredes de la cueva, con la esperanza de que una chispa encendiera la leña. Pero no consiguieron producir ninguna llama, ni siquiera un rastro de humo que les diera aliento.

No había pasado mucho tiempo cuando el mayor de los dos hermanos perdió las esperanzas y se retiró a uno de los rincones oscuros de la cueva, en donde se acostó en posición fetal, esperando caer en un sueño del que tenía pocas probabilidades de despertar. Pero el hermano más joven continuó firme, frotando una y otra vez el pedernal hasta que sus manos sangraban por las heridas y apenas era capaz de sostener la herramienta que necesitaba para salvar su vida. Cincuenta veces, cien veces, y entonces una chispa del pedernal voló a la pequeña pila de madera astillada..., pero no sucedió nada.

Finalmente, su hermano lo llamó desde la esquina donde estaba acostado.

—¿Qué caso tiene? Esa leña está muy húmeda y nunca prenderá. Vamos, déjalo aunque no quieras hacerlo. Por lo menos, déjame dormir en paz.

Pero el hermano menor sabía que a menos de que pudiera crear una llama, era casi seguro que morirían. Así que respondió:

—Mira, tú haz lo que tengas que hacer, pero voy a seguir usando este pedernal para hacer fuego hasta que ya no quede más o ya no tenga la fuerza para sostenerlo en mi mano.

Otras cien veces golpeó las piedras entre sí. Cien chispas volaron directo a la leña para disolverse en la oscuridad. Finalmente estaba tan cansado que ya no podía seguir por más tiempo. Ya no quedaba prácticamente nada del pedernal ni de su propio ánimo. Miró la pila de astillas y, con un último estremecimiento, se desmayó de cansancio, cayendo en la helada oscuridad que parecía envolverlo por todas partes.

Lo siguiente que supo fue que sus ojos detectaron lo que parecía una débil luz que titilaba a través de sus párpados cerrados. ¡Además, su rostro podía sentir algo cálido que lo acariciaba! Entonces cruzó por su mente el siguiente pensamiento: "Qué dulce delirio, esto debe de ser la última cosa que siente un alpinista antes de deslizarse al abismo". Pero en lugar de dejarse ir al consuelo de su sueño, se obligó a abrir los ojos. ¿Qué es lo que tenía justo enfrente? ¡Una pequeña llama! Con los ojos abiertos en total descrédito pensó que, por imposible que pareciera, ¡debía haber iniciado un fuego cuando golpeó por última vez el pedernal!

Rápidamente, pero con gran cuidado para no apagar la pequeña llama, dejó caer pequeños trozos de leña sobre ella. Poco a poco, sopló y avivó las brasas que crecían, brillaban y le daban vida. Después de tensos minutos, la oscura cueva empezó a bailar con la luz y el calor que se propagaba por ella.

Se levantó y fue hasta donde dormía su hermano, para despertarlo con una suave caricia, una sonrisa y una simple afirmación:

—Vamos a lograrlo.

LECCIÓN CLAVE

Debemos persistir y aspirar a alcanzar un grado superior, o caer en algún tipo de desesperación oscura: esa es la interrogante; cuál de ambas semillas brotará depende de cuál elijas nutrir y cultivar.

"Elévate" para salir de cualquier confusión dolorosa

La confusión es una especie de congestionamiento de tráfico dentro de nuestra mente que con frecuencia se manifiesta al inicio de algún momento difícil y en tanto que generalmente culpamos a las situaciones externas de este enredo interior, los hechos –una vez revelados– cuentan otra historia.

La confusión es un delito cometido desde dentro. Su causa es la aparición simultánea de pensamientos y sentimientos dispares, y a menudo conflictivos, que luchan unos contra otros por obtener el dominio de nuestra mente y corazón.

Imagina una serie de calles en las que viajan varios automóviles por diversos carriles y que vienen de los cuatro puntos cardinales al mismo tiempo; todos quedan atascados en medio de la principal intersección debido a que fallaron los semáforos. A medida que aumenta la presión por seguir adelante, cada conductor empieza a gritarles a los demás que se quiten, porque está seguro de que así es como el tránsito podrá reanudarse.

Este ejemplo representa bien lo que sucede dentro de nosotros cada vez que la vida nos pide realizar alguna acción o entender una situación difícil, y no se presenta al mismo tiempo una ruta clara para lograrlo. Casi al instante, las diferentes partes de nosotros –cada una con sus propias razones para querer lo que quiere y a menudo en contradicción unas con otras– se lanzan a la intersección mental y empiezan a pelear entre sí por determinar cuál es la mejor manera de desatascar este embotellamiento interno.

La clave en esta situación para mantenerte fuera de este tipo de congestionamientos internos es comprender que ninguno de estos pensamientos y sentimientos en pugna, y su fuerte sentido del ser que los acompaña, puede deshacer la confusión que sientes, *porque cada uno de estos personajes es, en secreto, una parte de esa confusión.*

Mientras más claramente veas la verdad de este estado interior, más fácil te será elevarte por encima de él y sacarte del embotellamiento. Tu recompensa será ver que siempre existe otra ruta que te espera para que la tomes y que esa senda "superior" siempre está abierta.

LECCIÓN CLAVE

La única razón por la que nos sentimos atrapados entre la proverbial espada y la pared, incapaces de encontrar la salida, es que hemos olvidado esta sencilla verdad espiritual: siempre existe otra dirección que espera a revelarse ante nosotros cada vez que nos esforzamos por recordarlo; un camino que nos conduce más allá de la ilusión de que estamos atrapados en algún embotellamiento del que no existe salida. Esta nueva dirección –que sólo la mente serena puede ver– ¡es hacia arriba!

Pierde interés en el dolor de tu pasado

No existe un momento en el que todo lo que nos rodea no esté comenzando. De hecho, si los diversos cosmos –desde el más grande hasta el más pequeño– tuvieran un lema, sería este: *bienvenido lo nuevo y adiós a lo viejo.*

Este principio celestial de regeneración no sólo es constante en el mundo exterior, *sino que también funciona dentro de nosotros.* A cada momento nos renovamos desde el interior. Ahora veamos la manera en que esta verdad específica puede empoderarnos para desprendernos de cualquier dolor persistente del pasado, ya sea que venga de hace tres segundos o de hace treinta años.

Entendemos que nada en el universo deja de cambiar y que cada uno formamos parte de esta totalidad mayor. La ciencia confirma este descubrimiento: cada célula de nuestro cuerpo cambia en un cierto período de tiempo. Ninguna parte de quienes somos permanece igual, ya que se ha reemplazado cada elemento con algo nuevo. Estos hallazgos contienen muchas verdades que pueden liberarte, pero ninguna es más importante que la que a continuación se expone.

En vista de que la vida real se renueva cada microsegundo, entonces cualquier momento al que nuestra mente siga señalando en nuestro pasado no puede ser *la verdadera razón* de nuestro dolor actual. Debemos buscar en otra parte para encontrar aquello que se atraviesa entre nosotros y nuestro derecho de liberarnos del dolor de nuestro pasado, lo cual nos lleva a lo siguiente:

Dentro de nosotros vive una naturaleza inferior que insiste vigorosamente en permanecer igual. Aunque nos haga creer lo contrario, este ser falso se resiste a todo lo que debería cambiar de manera natural dentro de nosotros. Se aferra con tenacidad a las imágenes de las experiencias dolorosas del pasado que ha almacenado, a pesar de que grita afirmando que no puede escapar del dolor que las acompaña.

Por ejemplo, imagina que estamos en casa tomando una taza de café por la mañana o caminando por el supermercado. Nuestra mente está interactuando con todas las impresiones disponibles y flotamos alegremente siguiendo la corriente de nuestros pensamientos. Entonces, de manera espontánea, llega cierto pensamiento, activado tal vez por una imagen o persona de aspecto familiar que llama nuestra atención. En un instante, aunque casi ocurre de manera inconsciente, esa impresión detona una cadena de asociaciones con alguna imagen antigua y cargada de emoción que proviene de nuestro pasado. Lo siguiente de lo que nos damos cuenta es que estamos hundidos hasta el cuello en una lucha por escapar del sufrimiento de ese recuerdo negativo. Pero lo que no podemos ver en ese mismo momento, y que necesitamos ver, es lo siguiente: *¡la parte de nosotros que lucha contra ese dolor de nuestro pasado es un sentido muy familiar del ser que no puede existir sin el pasado que dice que no puede tolerar!* Como alguna vez dijo Pogo, el famoso personaje de caricatura: "¡Encontramos al enemigo: somos nosotros!".

Nuestro conocimiento y conciencia de esta naturaleza inconsciente es la clave para encontrar el poder de dominarla cada vez que intente engañarnos para que revivamos *su* vida. Mientras más claro se vuelva el siguiente nuevo discernimiento, más nos acercaremos a la libertad que trae consigo: *para existir, este orden inferior del ser debe tener algo a lo que resistirse.*

Esta naturaleza falsa no tiene ningún poder propio; cualquier fuerza que posea para causarnos sufrimiento debe haberla tomado de nosotros. La decisión de *no* rechazar este dolor o, lo que es más importante, de no hacer cualquier cosa en absoluto sobre el pasado al cual se culpa de ese dolor, está dentro de nosotros. Nosotros tenemos el poder de no dar a este dolor, ni al orden del ser que es responsable de él, *ninguna otra cosa* más que nuestra conciencia de que ha llegado el momento de convertirlo en algo nuevo.

LECCIÓN CLAVE

¡Cualquier recuerdo doloroso del pasado debe pasar
por el momento en el que pierdas interés en él!
Deja de mirar lo que no quieres ver y pronto
dejarás de verlo.

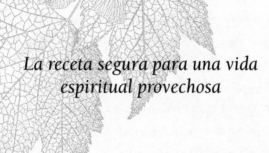

La receta segura para una vida espiritual provechosa

Hace mucho tiempo, un iluminado maestro de la verdad convocó a su lado a su pequeño grupo de alumnos. Les sonrió gentilmente y luego procedió a decirles que había llegado el día en que partiría de este mundo.

Después de tranquilizar sus temores de que se quedarían sin una guía, les aseguró que nunca estarían solos en su búsqueda de la vida real, en tanto pusieran en primer lugar su amor a la verdad. Entonces, sin mayor ceremonia, se levantó y se dispuso a salir de la habitación.

Mientras todos los ojos lo miraban alejarse, el maestro apenas había llegado a la puerta cuando súbitamente se detuvo; era como si hubiera recordado algo importante. Un momento después, metió la mano en su pequeña bolsa de cuero y sacó un puñado de papeles manuscritos, todos del mismo tamaño. Luego caminó por toda la sala, entregando una copia a cada uno de sus estudiantes. Cuando terminó, se volvió para mirarlos. Estas eran las últimas palabras que escucharían decir a su amado maestro:

—Para lograr que su progreso sea seguro y continuo en la senda superior, me tomé el tiempo de escribirles la que sé que es una receta perfecta para garantizar que cada uno tenga una vida espiritual provechosa.

Hizo una pausa por un momento, tomándose el tiempo de tener contacto visual directo con cada uno de ellos y luego prosiguió:

–Lo que quiero que sepan es que, aunque esta medicina es fuerte –en especial al principio–, ¡tiene el gran poder de enderezar todo lo que siga estando errado dentro de ustedes! Así que quiero que me den su palabra de que seguirán esta receta hasta que hayan alcanzado la plenitud y la libertad.

La habitación quedó en silencio hasta que una joven habló:
–Tienes mi palabra.

Luego vino un coro de voces que también se comprometían a ello. El viejo maestro sonrió de nuevo, giró sobre sus pasos y se fue.

Las siguientes cinco lecciones son la receta que les dejó ese día. Los discernimientos como estos, y sus instrucciones implícitas, rara vez se discuten entre quienes no han recibido una iniciación espiritual, debido a la alteración mensurable que provoca en el alma esta fuerte medicina. No obstante, recibe estas verdades en tu mente y observarás la manera en que su perspectiva innovadora de la realidad te conduce a esa libertad incondicional que anhela tu corazón.

- Para sopesar el valor de las cosas con las que nos puede recompensar este mundo, sólo necesitamos eliminar las balanzas de nuestros ojos, porque si estuviéramos dispuestos a medir cuántas veces hemos sido víctimas de un mundo que nos promete la victoria para después vencernos, entonces sabríamos cuán hueca es la esperanza de encontrar un tesoro en una cesta sin fondo.

- Si los convencionalismos sociales comunes –con todos sus ardides e hipocresía– tuvieran una cualidad positiva, sería esta: llegará el feliz día en que nos daremos cuenta de que hemos ocupado demasiado tiempo conversando con ladrones hábilmente disfrazados, escuchando y creyendo en los planes de los mentirosos, y confiando en las promesas de personas que, en su mayoría, son incapaces de tener un solo acto de integridad. Ese día de nuestro despertar será la misma fecha encantadora en la que nos alejaremos de un mundo en ruina que está lleno de pordioseros disfrazados de reyes y reinas.

- Miles de millones de personas dan su vida por un placer momentáneo o por la promesa de la aprobación. Sacrifican su felicidad con la esperanza de que, al adquirir poder, podrán convertir al mundo en un sitio más bello, a pesar de toda la fealdad que producen esas mismas búsquedas. Los veraces y los menos también entregan su vida en actos de muda abnegación que naturalmente siguen los pasos de quienes los han antecedido en la senda superior.

- El que tenga oídos que oiga, porque sólo existe una pregunta y una respuesta: ¿esperaremos con paciencia por encontrar un solo momento de relación con lo que es eterno y real, en el que, al contacto de algo eterno, todos los momentos de nuestra vida cambiarán por completo? De otro modo, desperdiciamos los pocos momentos de nuestra vida persiguiendo el placer de un tiempo imaginario en el futuro que siempre se aleja de nuestro alcance en el mismo instante en que intentamos atraparlo.

- Nadie que tema caminar solo por este mundo es capaz de negarse a él. El costo invisible de este temor infundado no sólo es terminar acompañado de cobardes, sino que también es posible que se pierda la posibilidad de llegar a encontrar la compañía de la divinidad.

LECCIÓN CLAVE

Hasta que la paz y el placer que se encuentran dentro de ti mismo sean iguales o mayores que cualquier consuelo que encuentres fuera de ti, entonces tu capacidad de ser paciente, amoroso y productivo en todo momento es, en el mejor de los casos, una situación condicional. Nada sirve mejor para mantener el enojo, la frustración y el temor que identificarse con un orden del ser cuya vida se asienta, cuando mucho, en las arenas de las circunstancias transitorias.

Seis maneras de distinguir a un guía interior falso de uno verdadero

Como ya hemos señalado antes, el viaje a la divinidad interna tiene sus peligros. Tenemos algo claro: la senda al interior está cubierta de pruebas y escollos. Pero no hay nada que temer de este pronóstico; en realidad, estos encuentros son etapas de iniciación, son puntos necesarios de la senda superior donde el aspirante llega –una y otra vez– a la proverbial intersección en el camino.

Una gran confusión oscurece por lo general estos momentos indeseables, que son aún peores por enfrentar otro reto que, en sí mismo, forma parte del camino menos transitado: el aspirante no puede ver lo que está más adelante en ninguna de estas vías, ya que una especie de oscuridad esconde la entrada de ambas.

Estos instantes son los que siempre le provocan mayor temor y soledad al aspirante. Una creciente desesperación aumenta la sensación de fatiga; hay una efusión de pensamientos estresantes y de sentimientos de preocupación que niegan, censuran e intentan consolar, todo al mismo tiempo. Pero la duda principal sigue siendo la misma: ¿qué pondremos en primer lugar?

¿Cómo puedo saber cuál de los dos caminos es el verdadero? ¿Cuál conduce al ser inmortal y cuál es un boleto de regreso para volver a ser quien siempre he sido? ¿Y cómo sé cuál de estas voces en mi cabeza que me dicen "*este* es el camino" o "*no*, sigue el otro camino" me ofrece la instrucción correcta? En pocas palabras, ¿cómo puedo distinguir entre un guía interior verdadero y uno falso?

¿Existe alguna forma de saber con cierto grado de certeza cuál de esos guías puede ver a través de la oscuridad y cuál ha quedado cegado por ella? La respuesta es sí.

Las siguientes seis indicaciones se crearon para ayudarte a distinguir entre un guía interior falso y uno verdadero. Utiliza la iluminación que te proporcionan estos discernimientos para conducirte, sano y salvo, de regreso a tu ser inmortal.

- El guía interior verdadero no teme al resultado, mientras que el guía interior falso no puede dejar de tratar de protegerse de sus propios temores imaginarios.
- El guía interior verdadero te invita pacíficamente a tomar una nueva dirección, en tanto que el falso te presiona primero y luego te empuja en la dirección que quiere que tomes.
- El guía interior verdadero es firme, sereno y tranquilo, en tanto que el guía interior falso siempre está al borde de desmoronarse.
- El guía interior verdadero nunca intenta convencerte de que realices determinada acción, en tanto que el falso no puede dejar de hablarte de la acción que quiere que elijas.
- El guía interior verdadero comprende que debes cometer errores en tu camino, mientras que el falso te juzga con dureza por cada equivocación.

• El guía interior verdadero permanece abierto y receptivo a cualquier lección de la vida, sin importar lo desagradable que pueda ser, mientras que el guía interior falso se cierra y rechaza cualquier revelación que amenace su autoimagen halagadora.

LECCIÓN CLAVE

Nada enfurece más al mal que el que lo vean
por lo que es.

El jardín secreto del alma

Muy similar a encontrarnos sobre una colina, observando indefensos cómo se acerca una tormenta que caerá sobre nosotros, hay ocasiones en que se ve la llegada de una pena, pero no somos capaces de librarnos del dolor que la acompaña.

Pena no sólo de no haberle dicho a alguien que lo amábamos, sino también de no haber podido –o querido– expresar la verdad que está en nuestro corazón, por temor a que no nos comprendieran.

Pena de no haber tomado una postura interna más firme contra aquello que nos dábamos cuenta que profanaría nuestra alma o pena de que cuando intentamos ser fuertes, lo único que descubrimos fueron las profundidades de nuestra propia incapacidad.

Pena de haber desperdiciado tantas horas preciosas complaciéndonos en búsquedas inútiles y pena por el hecho de que sabíamos que no era lo correcto, pero temíamos más la sensación de vacío que el remordimiento.

En tales observaciones no se encuentra alegría, sino sólo una débil percepción, una leve concienciación de que por cada una de estas revelaciones algo dentro de nosotros *debe* morir; es más, que mientras más profundas sean sus raíces, más significativa será su partida…

Si estamos dispuestos a permanecer firmes en esos momentos aparentemente oscuros, hay una cosa que se vuelve cada vez más evidente: el progreso de nuestra alma rara vez ocurre bajo una luz que reconocemos como tal. Muchas veces, la oscuridad es el medio, la pena es su semilla y la humildad subsiguiente que se consigue de estas pruebas es el jardín divino en el que florece nuestra alma.

LECCIÓN CLAVE

Es a través de nuestra conciencia de la imperfección
—de observar cómo aparece, se extiende y luego
flaquea nuestra sombra bajo una luz celestial— que la
divinidad nos proporciona inicialmente una mirada a
su perfección eterna y luego nos invita a entrar.

Es un asunto de todo o nada

Lo que nos vuelve locos no es la acción de oposición de la vida ni la conducta errática de alguien cercano. La fuente de nuestra locura es un asunto interno. Nuestra mente está dividida; es un hogar dividido contra sí mismo en el sentido más verdadero de la expresión. Unos cuantos ejemplos sencillos prueban tal afirmación.

Cuando una parte de nosotros está a favor de algo, mientras que otra parte se muestra en contra, la consecuencia es algún tipo de debate doloroso. Por ejemplo, la mayoría de los placeres que nos permitimos se acompañan de un tormento relacionado con que no deberíamos ceder con tanta facilidad a ese deseo.

Cada vez que enfrentamos alguna circunstancia difícil, raramente elegimos una acción sin llevarla primero al tribunal de apelaciones. Cada pensamiento y sentimiento posible sube al estrado y algunos hablan a favor, mientras que otros van en contra de lo que nos proponemos hacer. Luego, después de que el temor de tomar una mala decisión condena esa acción, "decidimos" posponer lo que se necesita hacer, aunque esta postergación implique el mismo grado de castigo que el temor del cual se deriva.

Las creencias falsas y la moral socialmente condicionada y culturalmente corrupta se utilizan como un ariete que se lanza contra cualquier persona y cosa que no piense como nosotros. Existe desconfianza e incluso hostilidad hacia quienes aman a cualquier dios que no sea el nuestro, y este temor y enojo que representan un castigo hacia el propio ser se justifican llamando ignorantes a los demás.

Aunque sospechemos que quizá nuestra alma esté enferma, nuestra solución es fragmentaria: nos hacemos de la vista gorda donando tiempo o dinero a aquellos "menos afortunados", prometemos meditar más o hacer más ejercicio, o nos afiliamos a alguna organización con la promesa de convertir el mundo en un lugar mejor. Estas acciones a medias dan origen a resultados a medias: las penas y el sufrimiento continúan. No existe un cambio real porque nosotros no hemos cambiado.

No podemos cambiarnos con acciones fraccionarias, del mismo modo que no podemos cambiar la leche agria quitándole un trozo de cuajo a la vez o añadiéndole leche fresca por partes. O cambiamos todo lo que somos, o no cambiamos nada; nuestro ser no se forma de partes individuales, sino de la suma del sol y la tierra. En realidad, es un asunto de todo o nada.

LECCIÓN CLAVE

El verdadero progreso espiritual no se puede separar de la disposición a ver y aceptar la necesitad de someternos a lo que, según demuestran estas revelaciones, necesita cambiar en nuestro carácter. Tal interacción divina nunca avanza en una sola dirección sino que, más bien, ocurre en todas direcciones al mismo tiempo, como los rayos del sol. Este tipo de luz no transforma la oscuridad en la cual ingresa; la reemplaza con su propio carácter celestial.

Deja de tratar de sacar algo de nada

Si sólo te sirves a ti mismo, no sirves a nadie.

Si sólo te aferras a ti mismo, no te aferras a nada.

Si anhelas la aprobación de los demás, aspiras a nada.

Si deseas complacerte solo a ti mismo, no complaces a nadie.

Si sólo tienes posesiones por placer, no tienes nada.

Si te esfuerzas solamente por amasar fortuna, no cuentas con nada.

Si sólo deseas obtener el saber terrenal, no has aprendido nada.

Si tu corazón late sólo por ti, no vives por nada.

LECCIÓN CLAVE

La pena y el vacío de cualquier existencia centrada en el propio ser se deriva de la ignorancia del ser inmortal; es vivir desde una perspectiva compulsiva y temerosa que nunca puede satisfacer del todo el hambre de más, sin importar el costo para todos los que sufren por su apetito.

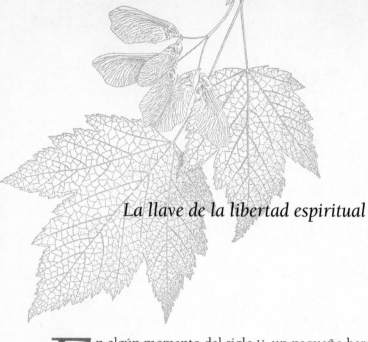

La llave de la libertad espiritual

En algún momento del siglo V, un pequeño barco pesquero chocó contra una borrasca repentina e inesperada. La tormenta destrozó su mástil y, sin una vela, pronto quedó a la deriva fuera del territorio conocido, hasta llegar al mar de un país vecino, aunque hostil.

Una semana después, el pobre pescador del barco cayó en manos del capitán de un navío extranjero. Allí, junto con docenas de otros esclavos encadenados a los remos de cada lado del barco, se le forzó a remar para transportar a mercaderes y dignatarios hasta sus destinos. Parecía que su suerte estaba echada: tendría que permanecer cautivo por el resto de su vida, tolerando dificultades y privaciones indecibles.

Pero este hombre no se parecía a ninguno de los demás desdichados que iban en ese barco. Mientras que aquellos gritaban: "¿Por qué me sucedió esto?", nuestro héroe se negaba a lamentarse de su situación. Y mientras los otros hablaban de cómo solía ser su vida –de cómo alguna vez tuvieron un buen hogar, una familia y buena comida y vino–, él se negaba a pensar en el pasado o a recordar sus placeres.

En vez de utilizar su tiempo resintiendo o reviviendo su vida, lo ocupaba labrando una llave de madera con un pequeño trozo que obtuvo de un remo cuarteado. Como no tenía herramientas, usaba sus propios grilletes para darle forma. Cada momento que no pasaba remando, su interés se centraba en hacer la llave que, según pensaba, podría abrir los grilletes.

Todos sabían que el viejo candado de hierro que cerraba los grilletes probablemente estaba atascado por la herrumbre, en especial después de años de no abrirse. Ninguna llave de metal tendría posibilidades de abrirlo, ¡mucho menos una llave de madera! Así que el pescador era el hazmerreír del barco, porque ocupaba todo su tiempo libre en hacer una llave que no abriría nada. Pero la improbabilidad de su situación era su última preocupación. Sólo quería hacer lo que estuviera en su poder, al tiempo que se negaba a ocuparse de aquello que no lo estaba, que era cambiar sus circunstancias inmediatas.

Después de un tiempo, uno de los guardias –que no podía evitar más que admirar la persistencia del pescador– incluso le taladró un orificio a la llave y le regaló un trozo de cuero para que pudiera llevarla colgada alrededor de su cuello. Y así siguieron las cosas; día tras día, el viejo pescador siguió trabajando en su llave.

Años después, un noble al que transportaban en el barco pidió que le permitieran ver con sus propios ojos las condiciones que existían por debajo de la cubierta. Al bajar las escaleras, observó al pescador que llevaba una hermosa llave, que para ese momento tenía un intrincado labrado y que lucía la pátina del tiempo. El noble lo señaló y preguntó:

–¿Dónde conseguiste esa hermosa llave?

–Yo la hice.

—¿Con qué? —inquirió el noble.

—Usé mis propios grilletes para labrarla con un trozo de remo.

Algo acerca de este esclavo le llamó la atención, así que el noble se enteró de la historia de cómo el pescador había caído en su desdichada situación.

Al regresar a la cubierta superior, el noble acudió de inmediato con el capitán.

—Quiero que libere al hombre que porta la llave de madera alrededor del cuello para que me lo entregue a mí; hace poco perdí a mi mejor carpintero y quiero que este esclavo vaya conmigo a casa para convertirse en mi artesano.

Momentos después llegaron a un trato, el noble pagó el costo de llevárselo y, en el curso de la misma semana, el pescador se encontró en un nuevo hogar.

Aunque la llave de madera que había labrado nunca abrió el cerrojo que lo mantenía atado a sus cadenas, *de todos modos le consiguió su libertad*. Se convirtió en un miembro amado y sumamente valorado entre la servidumbre del noble, y después de muchos años de darle un fiel servicio, se le concedió su libertad para que regresara a su lugar de origen.

LECCIÓN CLAVE

Los sabios, al encontrarse a la deriva en el mar, siempre están vigilantes de la llegada de un viento favorable que hinche sus velas. Pero mientras esperan, reman día y noche en la dirección que creen que los conducirá de regreso a la seguridad de sus propias costas.

Tu papel en la revelación del ser inmortal

En la senda superior se presentan diferentes momentos en los que se siente como si se hubiera roto una presa dentro del corazón; las salvajes aguas de las emociones desconocidas corren por los barrancos y los espacios alguna vez cerrados de la conciencia, llevándose todo lo que había antes. Todo se estremece a su paso. La mente también corre, pero más por la incertidumbre que por coincidir con esas emociones; busca contener estas fuerzas antes de que se lleven consigo su razonamiento.

Esta agitación interna es el efecto a veces atemorizante del despertar del alma, en el que con cada respiro se revela la presencia de inimaginables influencias y poderes latentes que están más allá de la capacidad de control del aspirante. Pero no debe disminuirse el movimiento de estas fuerzas celestiales tan sólo porque aún no podamos entender el propósito de su presencia dentro de nosotros. No nos piden que sepamos qué quieren, porque estas fuerzas se organizan por sí solas.

Corren, se arremolinan, trastornan y devoran todo a su paso, porque están construyendo algo nuevo de sí mismas dentro de nosotros, de modo que debemos dejarlas en completa libertad; debemos abandonar lo que pudiéramos esperar que obtendremos de ellas y, en lugar de eso, permitirles que ejerzan sus influencias celestiales en nuestra alma.

Estas energías son la nueva sangre: son la agitación del espíritu que nos habla con pulsaciones indómitas cuyo origen está en las estrellas. No podemos saber su lenguaje nativo, del mismo modo que nuestros oídos físicos no pueden escuchar la inteligencia inherente en la luz de la conciencia, que es la razón por la que debemos permitir que sus impresiones se organicen dentro de nosotros sin interferir con ellas.

Buscan construir un nuevo universo de galaxias individuales infinitas y nosotros –cada uno de nosotros– somos la matriz, el polvo de estrellas y el espacio profundo creado para su desarrollo celestial, si aceptamos formar parte de esta revelación divina del ser inmortal.

LECCIÓN CLAVE

De igual manera que todas las cualidades del océano
se pueden encontrar en una sola gota de sus aguas,
así todas las expresiones infinitas de la conciencia
–elevadas e inferiores, luminosas y oscuras– moran
dentro de nuestro corazón, mente y alma.

Abre la puerta de tu corazón a la divinidad

Había una vez una mujer que, ansiando un nuevo principio después de un doloroso divorcio, se mudó con su pequeña hija a un nuevo pueblo. Parte de su plan incluía abrir una tiendita en la plaza principal del pueblo, en donde vendería objetos bellos y únicos de todas partes del mundo.

Varios meses después llegó el gran día de la inauguración. La tienda rebosaba de todas las cosas que le encantaban. Había té y pasteles en bandejas de plata y todo estaba listo. Así que ansiosamente esperó que todos los clientes entraran en multitud; sin embargo, a medida que transcurría la mañana, ni un alma entró por la puerta y la mujer empezó a desesperarse.

Horas más tarde, cuando estaba a punto de terminar el día y ningún cliente había entrado a su tienda, ya no pudo contener su desaliento; finalmente dejó salir un suspiro, seguido de una queja que no pudo más que expresar en voz alta.

—¿Dónde están todos? ¿Cómo es posible que a nadie le importe lo suficiente como para siquiera pasar a saludar? ¿Acaso es posible que las cosas que tanto me gustan signifiquen tan poco para los demás?

Al escuchar lo que su madre había dicho, su hija levantó la vista de su libro para colorear y le dijo:

—Pero, mamá, por supuesto que nadie ha venido; ¿qué esperabas?

La madre miró a la niña con una expresión con la que decía: "¿Qué, estás bromeando? ¿Como si supieras cuál es el problema?".

La hija dejó caer de nuevo la mirada hacia su libro y afirmó, de manera bastante realista:

—Bueno, pensé que querrías saberlo, ¡pero nunca pusiste en la puerta el anuncio de "Abierto. Pase por favor"!

LECCIÓN CLAVE

¿Es mejor saber o no saber la verdad sobre uno
mismo en cualquier momento determinado?
Responder esta pregunta de manera afirmativa
—y luego reaccionar en consonancia— representa
abrir por completo las puertas de la percepción,
recibiendo con gusto en tu corazón la luz divina que,
por sí sola, puede ayudarte a alcanzar la plenitud.

Comentario breve sobre el sufrimiento consciente

La melancolía, el resentimiento, los reproches y los remordimientos son formas de sufrimiento inconsciente; todos y cada uno sirven para fortalecer el concepto falso de que nuestro estado negativo se debe a una situación externa. Esas sombras oscuras que siempre arrastran tras de sí momentos desagradables cumplen con un propósito marcado. Su trabajo es crear y luego sustentar la impresión de que se nos acaba de convertir en víctimas de las circunstancias.

Una vez que adoptamos esta percepción falsa, el dolor de no querer que las cosas sean como son toma la delantera; a medida que aumenta nuestra resistencia, también lo hace nuestra ceguera espiritual. Al poco tiempo, es casi imposible ver la verdad de nuestro estado actual, que es justo lo que el ser falso se propuso lograr. Esta naturaleza inferior vive, literalmente, para impedir que nos demos cuenta de que la vida *es un reflejo de nuestro grado actual de conciencia.*

Sufrir por *cualquier* percepción falsa es peor que inútil. Primero fortalece la ilusión de que existen fuerzas más grandes que nuestro derecho divino de transformar estas situaciones en algo útil para el desarrollo de nuestra alma. Pero este mismo grado de sufrimiento inconsciente da apoyo a otra conclusión falsa: que no tenemos más opción que rendirnos a lo que *esto nos dice que es cierto acerca de nosotros mismos.* Allí es donde entra en juego la eterna idea del sufrimiento consciente.

Sufrir de manera consciente se refiere a actuar de una manera totalmente nueva cuando nos enfrentamos con la aparición de cualquier momento indeseable: en lugar de resistirnos en forma mecánica a la situación, junto con la sensación dolorosa del ser que aparece con ello, tomamos un camino diferente: elegimos ser *conscientemente pasivos* hacia estos estados negativos que culpan o juzgan activamente. De esa manera, en lugar de que se nos obligue a ser el instrumento involuntario de esas manifestaciones oscuras, somos nosotros quienes actuamos para iluminarlas con la luz de la conciencia.

Esta nueva acción de ser tranquilamente pasivos hacia los pensamientos y sentimientos dolorosos es el sufrimiento consciente. Al someternos a este sufrimiento morimos ante la naturaleza de aquello que es falsamente activo, al alinearnos con la verdadera acción de una luz viva que cambia cualquier cosa que se coloque bajo la influencia de su plenitud sanadora.

LECCIÓN CLAVE

Cualquiera que no se conoce a sí mismo sufre inconscientemente debido a la ignorancia. Cualquiera que se esfuerza por conocerse acepta el sufrimiento en beneficio de la sabiduría. Cualquiera que adquiere sabiduría acaba con el sufrimiento que nace de la ignorancia y cualquiera que trasciende este sufrimiento participa del nacimiento y de la carga de la creación, en la que no puede hallarse.

Tómate un tiempo para estar a solas

Tu corazón necesita espacio para elevarse. Tu mente necesita sitios abiertos para que pueda vagar y el tiempo a solas para ver su propio reflejo.

Dales este regalo y a cambio te traerán la libertad que encuentren, llena hasta el tope de posibilidades nuevas y brillantes.

Ten paciencia contigo mismo.

Se necesita práctica para perfeccionar el arte de no hacer nada; no es que esta labor sea desconocida para tu alma, pero tantos de nosotros estamos tan ocupados tratando de ser algo, que nos hemos distraído y hemos olvidado estar completos.

Así que tómate el tiempo para estar solo. Siente todo, pero no seas nada. Sumérgete en esta nada. Lánzate por completo y luego escucha el sonido de algo que no tiene fondo.

Y no temas a esta soledad. Lo que consideras como caer en realidad es *volar*, pero eso ocurre cuando te desprendes del temor.

LECCIÓN CLAVE

Una vez que comprendas que vivir bajo los límites de lo que conoces también limita tus posibilidades espirituales, entonces no queda más alternativa que alejarte de la seguridad de todo lo que has sido, a favor de descubrir todo lo que aún te falta por ser.

Una invitación a superar tus limitaciones

¿Has notado que mientras más negativo eres, más difícil se vuelve todo en tu vida, incluyendo tu capacidad de hacer las cosas más simples? ¡Es como si de pronto cayeras dentro de un barril de miel espesa en donde no sólo no puedes moverte, sino que todo lo que no quieres está pegado a ti!

Para quienes no tienen una iniciación espiritual, se siente como si uno cayera dentro de un río de resistencia, pero, en realidad, se trata de *un orden inferior del ser que te jala hacia esa situación porque quiere que consideres como adversario a cualquier reto en tu vida.* Su intento de engañarte –de alterar en forma negativa tu percepción– es el único poder que tiene para impedirte ver lo que son en realidad los momentos desagradables: una invitación de la divinidad para que superes tus limitaciones actuales. Sin importar la naturaleza de la prueba que se te imponga, las preguntas son: "¿Quisieras vivir en un mundo más amplio en el que no existe el temor? ¿Quieres estar menos preocupado o molesto y tener mayor paz contigo mismo?".

Es posible que no seamos capaces de escuchar esas preguntas o de distinguir por nosotros mismos la perfecta elección del momento oportuno para su aparición compasiva, pero siempre están presentes en el "punto de impacto", que es cuando algún suceso revela una de nuestras limitaciones invisibles. Por ejemplo, es posible que se nos permita ver la manera en la que nuestra impaciencia con un ser amado domina nuestro deseo de ser más comprensivos con él o quizá veamos que el enojo sigue afectándonos al enfrentarnos con alguna situación estresante. Sin importar la situación, este es el concepto esencial:

> Ninguna condición indeseable ni su resultado pueden cambiar hasta que superemos la naturaleza que es responsable de ello.

Esta concienciación te habilita para hacer algo con los momentos indeseables que ha sido imposible antes. Ahora, en lugar de esforzarte en evitar esos momentos de crisis en los que de pronto te sientes inadecuado o limitado en algún sentido, te das cuenta –y enfrentas– esos viejos temores como una nueva oportunidad de percatarte de la línea divisoria entre la persona que has sido y quien aún te falta por ser. Todos esos momentos aparentemente infranqueables en tu vida se ven por lo que son: un sitio predestinado para que enfrentes, te desprendas y superes ese orden inferior de ti mismo que solía obstaculizarte con sus temores. Desaparece la frontera entre la limitación y la ausencia de límites y ahora *atraviesas al lado de las posibilidades ilimitadas*.

La libertad no se encuentra luchando contra lo que tú piensas que se te cruza en el camino; tu verdadera liberación espiritual depende de esta concienciación impensable:

Lo que obstaculiza tu camino es
parte del camino.

Una vez que entiendas que cualquier cosa que parece estar en tu contra se ha puesto allí para que la superes, entonces habrás recibido, abierto y aceptado la invitación de la divinidad. El resto está arreglado.

LECCIÓN CLAVE

En muchos sentidos, las verdaderas bendiciones de la vida con frecuencia aparecen bajo el disfraz de los peores momentos, pero aquellos que toleran con paciencia la presencia de ese vacío –de lo que parece ser una pérdida o limitación dolorosa de algún tipo– pronto ven caer su máscara temporal y serán testigos de que, en lugar de ella, aparece un rostro imposiblemente amable y amoroso.

Enlázate con tu ser inmortal al decir "acepto"

Un gran rey lanzó una proclama en la que anunciaba un torneo para obtener un premio inimaginable: una participación irrevocable en el reino mismo, incluyendo todas sus riquezas. Las reglas del torneo eran sencillas: todos los ciudadanos ofrecerían al rey alguna cosa que quisieran con todo su corazón y el regalo que le complaciera más entre todos determinaría al ganador.

Cuando finalmente llegó la hora establecida para el torneo, todos los habitantes se reunieron en el gran salón del castillo. Se podía sentir la emoción. Al invitarlos a pasar uno por uno, se les indicó que cada persona debería acercarse al trono y ofrecer su regalo. Una vez que terminaran con la presentación, tenían la instrucción de dirigirse hacia el lado derecho del trono y de pararse justo debajo de una hermosa corona dorada que parecía estar flotando en el aire como por arte de magia. Se les explicó que la corona descendería por sí sola para colocarse sobre la cabeza de aquel a quien el rey eligiera como el que le había ofrecido el mejor regalo.

La ceremonia transcurrió durante horas. Ante el rey se exhibieron rollos de sedas, cofres de diversos tamaños, herencias familiares y botellas de aceites y vinos hechos en casa. Algunos de los nobles le prometieron la sabiduría de sus consejos o los servicios de sus guardias personales, pero, para consternación de todos, en ninguna ocasión descendió la corona dorada para premiar a un ganador, lo cual creó un gran descontento general que se fue volviendo cada vez mayor a medida que se acercaba la noche.

Al final, sólo quedaba un hombre entre la multitud de ciudadanos que faltaba por acercarse al rey. Entre sus amigos se sabía que tenía recursos limitados y que era un hombre sencillo que poseía un pequeño viñedo de poca importancia.

Cuando el rey lo convocó a pasar, Christian avanzó entre la multitud. Se escucharon unas cuantas risas, obviamente molestas, por encima de los murmullos de la multitud. Evidentemente, Christian era la última persona en la Tierra que podría merecer parte del reino.

Caminó con tranquilidad hasta el trono, mirando brevemente al rey a los ojos, y a sus pies dejó lo que parecía –desde la perspectiva de todos los observadores– una simple carta. Pero en lugar de pasar hacia donde estaba la corona dorada, Christian se disculpó y se dirigió a la salida del salón.

Mientras el rey abría la carta para leerla, se escucharon más voces entre el gentío, algunas de las cuales se burlaban abiertamente del pobre regalo de Christian, mientras que otras desafiaban al rey por su proceso de selección del ganador. Entre todo el enfado, nadie notó la sonrisa en el rostro del rey. Un momento más tarde, el monarca habló por primera vez. Llamó a Christian y le dijo:

—Joven amigo, regresa; aún debes colocarte bajo la corona dorada.

Christian no respondió mientras regresaba hacia el trono del rey y a donde estaba suspendida la corona junto a él. Se oyeron unas cuantas risitas entre los asistentes, y alguien que estaba atrás y a quien no podía verse gritó:

–¡Claro, como si tuviera alguna posibilidad!

Eso motivó otras quejas:

–¡Sigamos con la selección del ganador!

Justo en ese momento y de acuerdo con las instrucciones del rey, Christian se colocó debajo de la corona dorada. Apenas un instante después, la corona empezó a brillar y de su centro salió un brillante rayo de luz blanca que, como un cono, rodeó a Christian y lo cubrió de la cabeza a los pies. Entonces, mientras todos miraban con incredulidad, la corona dorada descendió hasta colocarse suavemente sobre su cabeza.

Nadie emitió sonido alguno ni se movió. Un murmullo de asombro llenó el gran salón y entonces, de algún lugar entre la multitud, alguien gritó:

–¿Qué está pasando allí?

Otra voz le hizo coro al decir, desafiante:

–¿Por qué él? Al poco los demás lanzaron quejas similares.

El rey se levantó de su trono y caminó hacia donde estaba Christian. Levantó ambas manos para acallar a la muchedumbre y dirigirse a ella:

–¿Están seguros de que quieren saber la respuesta a sus preguntas?

Lentamente, pero con una intensidad cada vez mayor, un coro de voces externó su deseo:

–¡Sí!

–Si son pacientes, les diré la razón. –Tomó en su mano la carta de Christian y empezó a leerla en voz alta:

"Querido rey, cómo desearía ofrecerle lo que esperaba recibir de uno de sus productivos ciudadanos. Nunca antes he deseado más otra cosa que tener una parte de su reino y tanto es mi deseo que cuando escuché por primera vez de este torneo, pensé en dar información falsa tanto de mí mismo como de mis posesiones; quería parecer ante usted y ante todos los aquí reunidos como una persona invaluable e indispensable. Pero no pasó mucho tiempo antes de que toda la idea de ese tipo de fingimiento fuera demasiado dolorosa de considerar. Al final, luego de saber que la invitación declaraba que todos debíamos presentarle algo, decidí escribir esta carta. La verdad es que no poseo nada que pudiera justificar que se me conceda el premio que se ofrece aquí el día de hoy, pero pienso que usted ya lo sabe.

Como todos los demás habitantes de su reino, lo que tengo lo recibí de usted: me proporcionó una casa en la cual vivir, un campo para plantar, incluso las semillas que utilicé para tener cualquier ganancia que pudiera lograr; todo esto se me regaló. Así que no puedo ofrecerle nada que no sea *ya* suyo.

»En cuanto a prometerle alguna habilidad o poder que yo posea —como supongo que muchos de mis compatriotas harán para obtener sus favores—, lo único que puedo decirle es que no tengo ninguna de ambas cosas, cuando menos no del modo que alguna vez imaginé.

»He llegado a darme cuenta, gracias al tipo de luz que ilumina cada rincón de su reino, de que ninguna de las cualidades que me enorgullecieron alguna vez son lo que parecían ser.

»Por ejemplo, veo que ni mi enojo, que a menudo se siente tan justificado, ni mi constante capacidad para juzgar a los demás demuestran la sabiduría ni la fortaleza de carácter que parecían dar lugar a esos estados, sino que más bien prueban lo contrario. Es evidente que el único beneficiado de tales acusaciones es un aspecto inferior de mí mismo que apunta a las fallas de los otros para impedir que vean las suyas. Ahora puedo ver estos actos de agresión por lo que siempre han sido: la debilidad que ataca a la debilidad.

»En cuanto a ser una persona dadivosa y comprensiva, sé que quizás haya engañado a otros en el pasado, pero ya no puedo seguirme engañando a mí mismo. En el momento decisivo –como siempre parece ocurrir en esta vida– mi primer interés es protegerme. Por supuesto que algunos dirán que así se supone que sean las cosas. Estoy convencido de que esta creencia popular simplemente disfraza nuestras acciones cuando la compasión o el amor resultan demasiado inconvenientes.

»Podría añadir otras cosas, pero, en síntesis, lo único que puedo darle –aparte de esta carta– es mi eterna gratitud por el lugar que me ha dado en su reino y por todo lo que se me ha permitido entender gracias a vivir en él".

Con todo cuidado, el rey dobló la carta de Christian para guardarla en su túnica y empezó a hablarle directamente.

–Entre todos, tú me has traído lo que mi corazón atesora sobre todo lo demás; mi mayor dicha es cambiártelo por las llaves de mi reino. ¿Sabes qué es lo que me has traído este día que nadie más me ofreció?

Christian, que todavía no estaba seguro de lo que ocurría, respondió que no lo sabía. Así que el rey le dijo:

–*Humildad*, la única cosa que aquel que la porta nunca considera como un regalo y, mucho menos, como algo digno de un rey.

–No… no entiendo –contestó Christian.

–Ni tampoco espero que lo hagas en este punto del camino –respondió el rey–. Sin embargo, para que entiendas un poco mejor, te diré algo más. La *humildad* es lo que corona al alma. Como brota la planta silvestre cuando la toca el sol del verano, sólo el corazón que se abre a la humildad puede transfigurarse en un instrumento del amor. Y este amor que nace de la verdadera humildad sólo se concibe de un modo: a través de un solo acto de abnegación. ¿Sabes cuál es ese acto, Christian?

–No, Su Majestad, no lo sé.

El rey sonrió para sí mismo, divertido en apariencia con sus propios pensamientos.

–Eso sucede cada vez que un alma osada, como la tuya, dice "acepto" a esa pregunta divina que se le hace a cualquiera que se encuentra en la oscuridad de un momento indeseable.

"¿Aceptarás la verdad sobre ti mismo que mi luz ha venido a revelarte? Porque si dices 'acepto' y me recibes dentro de tu vida, te recibiré en la mía al mismo tiempo.

Y cuando nuestro espíritu se haya vuelto uno, nunca temerás de nuevo, ni lucharás ni juzgarás nada de lo que veas. Este es el regalo de la humildad: conocer, sin usar el pensamiento, que lo que sea que mi luz te haya permitido ver es ahora, y siempre ha sido, una parte de tu ser inmortal".

LECCIÓN CLAVE

Como la oruga que no puede entender las fuerzas
específicas que actúan sobre ella para transformar
su cuerpo atado a la tierra en una mariposa que
puede volar, tampoco nuestro ser inferior sabe
nada de la luz divina que transfigura a cualquiera
que acepte colocarse dentro de ella hasta que haya
realizado su obra.

Cómo no olvidar nunca al que más amas

S ubió al cuarto de su pequeña hija llevando un propósito específico: en los últimos meses había estado observando que
la niña había dejado que su cuarto, en particular su colección
de muñecos de peluche, se volviera todo un desastre.

De pie ante los montones de animales de peluche que estaban
tirados por toda la habitación y que se desbordaban del arcón de
los juguetes, la miró con actitud de incredulidad. Ella entendió el
mensaje.

–Lo siento, papi –le dijo–. Te prometo que lo guardaré todo.

Él le sonrió para alentar su respuesta y comentó:

–¿Qué pensarías de donar algunos de tus juguetes de peluche más
viejos a un hospital infantil local? ¿No te parece que eso sería bonito?

La niña meditó durante unos instantes y, aunque el padre podía darse cuenta de que llegar a tal decisión trascendental le estaba
costando mucho trabajo, finalmente dijo:

–Claro, papi. Supongo que está bien.

–Buena niña –afirmó–. Vamos a revisar lo que tienes y veamos
qué se va y qué se queda. ¿Te parece?

Cerca de quince minutos más tarde, los dos casi habían llegado hasta el fondo del arcón de los juguetes cuando algo llamó la atención del padre. De entre los pocos juguetes restantes, extrajo un pequeño búho de peluche de aspecto deteriorado que obviamente había sido objeto de gran adoración hacía mucho tiempo. Era uno de esos muñecos que se accionan con el movimiento y que hablan cuando se les levanta; y lo sobresaltó cuando dijo: "*Uh-uh*. ¿Me quieres más que a nadie?".

Ambos rieron a carcajadas, compartiendo la sorpresa de escuchar la graciosa voz grabada del búho. Y luego, al darse cuenta de la oportunidad de enseñarle a su hija una lección especial, el padre se volvió hacia ella y le dijo:

—Amor, ¿qué nombre le pusiste a este búho?

La niña seguía sonriendo.

—Salomón, ese es su nombre; ¿no te parece lo más lindo que hayas visto?

Entonces intentó tomarlo de la mano de su padre, pero él lo retuvo un momento y preguntó:

—Me parece recordar que me dijiste más de una vez que Salomón era tu muñeco favorito. —Entonces, con una pausa de un instante, le hizo una pregunta diseñada para que tuviera un impacto especial en la niña—: ¿O quizá ya no es así?

—Oh, no, papi, sí lo quiero, *sí* lo quiero más que a ninguno. Pero… —y allí se detuvo.

El padre observó que la mente infantil de la niña se esforzaba por resolver la contradicción entre sus acciones recientes, que era justo el efecto que él quería lograr con su última pregunta.

—¿Pero qué, pequeña?

—Supongo que lo olvidé.

Actuando como si estuviera atravesando por el mismo proceso de descubrimiento junto con ella, le preguntó:

—Hum… ¿no te parece raro? ¿Cómo supones que te olvidaste de Salomón y de cuánto lo amabas?

La niña abrió unos ojos muy grandes, como lo hacía siempre que se sentía confundida, y entonces miró a su padre, sabiendo de algún modo que estaba a punto de ayudarle a darse cuenta de algo. El padre podía ver la duda en sus ojos y su disposición a escucharlo, así que continuó:

—Como lo tenías cubierto con tantas otras cosas que ya *no* quieres, te olvidaste de que siquiera existe.

Sus palabras tuvieron justo el impacto moderado que había esperado que tendrían cuando, un momento más tarde, ella le dijo:

—Ah, no, eso no puede pasar, ¿verdad, papi?

De nuevo, el padre sonrió para alentar su creciente concienciación.

—No, no puede pasar. ¿Qué piensas que podemos hacer para que nunca más te olvides de tu amado Salomón?

Ella le mostró una gran sonrisa, percibiendo la verdad de todo lo que estaba viendo y respondió:

—Cuando guarde mis juguetes cada noche antes de dormir, debo recordar poner a Salomón hasta arriba, para que nunca quede olvidado. —Entonces lo miró para ver si había respondido correctamente.

—Sí, mi vida. ¡Exactamente!

LECCIÓN CLAVE

No tenemos mejor amigo en la vida que esa
pequeña parte de nosotros que ama la verdad.
Mientras más podamos reconocer y honrar la
certeza de este hecho, más potente será la influencia
de este amigo interior y más nos probará el valor de
nuestro amor por ella.

PALABRAS FINALES DE ALIENTO

El secreto para estar en paz contigo mismo

Un reportero de deportes de un gran diario recibió el encargo de cubrir un maratón internacional que se llevaba a cabo cada año en su ciudad. Por su experiencia pasada, sabía que miles de personas acudirían para tratar de vencer los extenuantes cuarenta y dos kilómetros del recorrido; también había visto que una cantidad diez veces mayor de personas se formaban a cada lado de las calles para vitorear a los competidores.

Pero como esta era la enésima vez en que cubriría la carrera, quería hacer algo nuevo. Ya había entrevistado en más de una ocasión a la mayoría de los probables ganadores y conocía más que bien sus antecedentes. Así que decidió que cubriría la carrera desde un ángulo diferente; la noticia de este año trataría sobre la persona *que terminara en último lugar.*

Como siempre, el día de la gran carrera comenzó con la pompa y circunstancia oficiales, incluyendo la confusión alrededor del pabellón de registro de los competidores. Miles de corredores, con camisetas de brillantes colores que llevaban adherido al frente y a la espalda un papel con su número, se alinearon para el disparo de salida. Y luego ¡pum! ¡Allá van!

Apenas un poco más de dos horas después, el primer corredor cruzó la línea de meta –estableciendo un tiempo récord– ante las ovaciones ensordecedoras de sus admiradores. A medida que los minutos y horas seguían corriendo en el reloj oficial, más hombres y mujeres llegaron a los brazos de amigos y familiares que los habían vitoreado por todo el camino, esperando a que llegaran a la meta.

De manera lenta pero segura, los miles de personas que se habían formado en las calles fueron desapareciendo del lugar para regresar a sus casas, enriquecidos y agotados por los sucesos del día. El sol se estaba poniendo cuando el último grupo de competidores, algunos caminando y otros cojeando, llegó a la línea de meta. El reportero quería ir a casa, pero sabía que la carrera todavía no había terminado.

Habían pasado varias horas cuando avistó a la última competidora que se acercaba al final de la carrera. Su cuerpo denunciaba el dolor que sufría y era evidente que cada paso representaba un esfuerzo. El reportero se llenó de compasión y, por un momento, dudó de la sensatez de tratar de entrevistar a la última corredora. Seguramente ya sufría suficiente como para que le preguntaran cómo se sentía de llegar en último lugar. A medida que se iba acercando, el reportero intentó determinar algunos de sus rasgos.

Al principio –debido a la luz tenue de los faroles de la ciudad– dudó de lo que veía, pero al irse acercando la mujer hacia donde él estaba, parecía como si llevara una gran sonrisa en el rostro. Al poco pudo observar que, a pesar de la ocasional mueca involuntaria de dolor, de hecho se veía bastante feliz. Aunque estaba parcialmente doblada por el agotamiento, sus ojos brillaban; algo en su espíritu permanecía en pie, impávido. No pudo evitar más que sentirse extrañamente atraído hacia ella.

Tomó una de las botellas de agua con el logotipo de uno de los patrocinadores del evento y corrió hacia el punto donde la competidora había cruzado la línea de meta, en donde le entregó la botella y le dio sus felicitaciones.

Después de agradecerle su amabilidad, la mujer tomó un par de sorbos largos y profundos. Un momento más tarde, se presentó con ella y le preguntó si le molestaría que le hiciera una breve entrevista. Para su sorpresa, ella no mostró ninguna duda y respondió:

—Claro. ¿Qué quiere saber?

El reportero hizo su mejor esfuerzo por mantener contacto visual con ella, esperando que la corredora pudiera ver que sinceramente quería entender cómo se sentía; ya que sabía el tipo de pregunta que estaba a punto de hacerle, era importante para él que la mujer se diera cuenta de que no estaba criticando su desempeño. Entonces le dijo:

—¿Sabe usted que es la última persona en terminar la competencia?

—Sí, eso es más o menos lo que esperaba —contestó.

—Bueno, ¿cómo se siente? Me refiero a que cómo se siente de ser la última. —De nuevo intentó transmitir con su mirada su deseo sincero de comprender sus sentimientos—. ¿Lamenta que de los miles de personas que corrieron hoy, nadie haya tomado tanto tiempo como usted para llegar a la meta?

La competidora se quedó mirando un instante al piso y el reportero se sintió conmovido. Lo último que quería era hacerla sentir como si estuviera menospreciando sus esfuerzos. Pero un momento después, ella volvió a mirarlo con una sonrisa en los ojos y le dijo algo que nunca olvidaría.

–Estoy en paz conmigo misma. ¿Quiere saber por qué?

Muy sorprendido con la pregunta, el reportero contestó:

–Por supuesto. Creo que mis lectores querrían compartir la experiencia que usted tuvo hoy.

Ella hizo una pausa, pensando obviamente en su respuesta, y afirmó:

–Corrí lo más que pude, por el mayor tiempo que pude. Así que, como verá, no lamento nada. Además –prosiguió mientras que en sus ojos había un cierto brillo travieso–, ¡estoy segura de que me irá mejor el próximo año!

LECCIÓN CLAVE

En lo que se refiere a quienes persisten en su deseo de ser libres a pesar del costo, lo mejor simplemente sigue revelándose.

Sobre el autor

El mensaje accesible y alentador del exitoso escritor Guy Finley, experto en el arte de "desprenderse", ilumina con luz brillante y verdadera nuestro mundo actual. Sus ideas llegan al fondo de nuestros problemas más urgentes de índole social y personal –sean de relación, de éxito, adicción, estrés, paz, felicidad o libertad– y muestran el camino a una vida superior. Barnes y Noble señala: "Guy Finley ha ayudado a millones de personas a alcanzar vidas más plenas y pacíficas".

Finley es el aclamado autor de *The Secret of Letting Go* y de más de cuarenta libros y programas adicionales de audio sobre el tema de la realización del ser, varios de los cuales se han convertido en éxitos internacionales. Además, durante los últimos treinta años ha presentado más de cuatro mil seminarios únicos sobre ese tema frente a miles de agradecidos alumnos en toda América del Norte y Europa. Cada semana, varios miles de suscriptores en 142 países leen su popular boletín gratuito.

Sus sonadas obras, que se han publicado en veinte idiomas, han recibido el amplio respaldo de médicos, profesionales y líderes religiosos de todas las denominaciones. Entre muchos otros, sus populares títulos incluyen *The Secret of Letting Go, Let Go and Live in the Now, El valor de ser libre, Apprentice of the Heart, The Essential Laws of Fearless Living, Design Your Destiny* y *El enemigo íntimo: Encuentre su paz interior.*

Guy ha sido invitado en más de seiscientos programas de televisión y radio, incluyendo apariciones en emisoras estadounidenses como ABC, NBC, CBS, CNN y NPR, y actualmente tiene programas en varias cadenas internacionales de radio que incluyen a Healthylife Radio, Achieve Radio y World Talk Radio.

Además de su actividad como escritor y conferencista, Guy es el director fundador de Life of Learning Foundation, el reconocido centro sin fines de lucro que se dedica a los estudios del ser y que se encuentra en Merlin, Oregon, en donde da conferencias cuatro veces por semana sobre el tema de la realización del ser. Las reuniones son constantes, están abiertas al público y se ofrecen a cambio de una donación sugerida de tres dólares, pero no se rechaza a nadie.

**Para comunicarte con Guy Finley acerca
de este libro, escribe a:**
Life of Learning Foundation
P.O. Box 10 IAM
Merlin, OR 97532

Podrás recibir un estuche inicial gratuito con útiles materiales de Guy Finley que incluyen la descarga de una charla de sesenta minutos en formato MP3 titulada "5 Simple Steps to Make Yourself Fearless" [Cinco pasos sencillos para volverte valiente], acceso a la Wisdom Library en línea, que cuenta con setenta y cinco charlas breves y poderosas de Guy Finley, música sagrada para meditación, el libro electrónico de Guy: *30 Keys to Change Your Destiny [Treinta claves para cambiar tu destino]* y el boletín semanal de Guy que se envía por correo electrónico una vez por semana, directamente al escritorio de tu computadora o dispositivo.

Para recibir todos estos materiales transformadores en forma gratuita, visita:

www.guyfinley.org/kit

Asegúrate de visitar el sitio web multimedia www.guyfinley.org, que ha sido acreedor a múltiples premios. Disfruta videos y descargas gratuitas en MP3, lee los ejemplares de sus obras publicadas y sin publicar, explora la librería y ten acceso gratuito a una multitud de otros recursos invaluables, incluyendo preguntas frecuentes, lecciones clave archivadas y podcasts.

También puedes seguir a Guy Finley en Facebook (www.guy finley.org/facebook), Twitter (www.guyfinley.org/twitter) y YouTube (www.guyfinley.org/youtube).

Foros de discusión

Haz nuevos amigos y permanece conectado. Comparte y discute tus descubrimientos y discernimientos. Obtén instrucción personal a través de los populares grupos de estudio o en las sesiones regulares de preguntas y respuestas. Esto incluye oportunidades de obtener instrucción directa y personalizada de Guy.

La oferta de introducción es para los miembros que ingresan por primera vez: treinta días de prueba gratuita, sin obligaciones.

¡Visita www.guyfinleynow.org/free-access para suscribirte hoy!